JOAN ROCH

ULTRA ORDINAIRE 2

ODYSSÉE D'UN COUREUR

Édition: Sophie Aumais
Révision: Jocelyne Dorion
Correction: Brigitte Lépine
Design graphique: François Daxhelet
Traitement des images: Johanne Lemay

Données de catalogage disponibles auprès de
Bibliothèque et Archives nationales du Québec

Crédits photographiques:

Légende:
(h) haut, (c) centre, (b) bas, (g) gauche, (d) droite

Toutes les photos sont de Joan Roch à l'exception de:
Aurora Pictures: p. 111;
Alexis Berg: p. 141;
Charles Bilodeau: p. 6-7, 169, 178-179;
Cédric Bonel: p. 13 (d), 14, 239 (h);
Bernard Brault: p. 237 (d), 239 (b);
Martin Chamberland: p. 254-255;
Eric Côté: p. 65 (d), 66, 69, 127, 159;
Anne Genest: p. 43 (g), 115 (d), 223 (c,d), 224, 229, 237 (c);
Joël Lemay/Agence QMI: p. 238, 241, 242-243;
Mélanie Parent-Couturier: p. 117;
Vincent Robert: p. 227;
Renaud Stanton-Dupré: p. 237 (g), 239 (c).

04-21

Imprimé au Canada

Dépôt légal: 2021
Bibliothèque et Archives nationales du Québec
ISBN (version papier) 978-2-7619-5545-4
ISBN (version numérique) 978-2-7619-5546-1

DISTRIBUTEURS EXCLUSIFS:

Pour le Canada et les États-Unis:
MESSAGERIES ADP inc.*
Téléphone : 450-640-1237
Internet: www.messageries-adp.com
* filiale du Groupe Sogides inc.,
filiale de Québecor Média inc.

Pour la France et les autres pays:
INTERFORUM editis
Téléphone : 33 (0) 1 49 59 11 56/91
Service commandes France Métropolitaine
Téléphone : 33 (0) 2 38 32 71 00
Internet: www.interforum.fr
Service commandes Export – DOM-TOM
Internet: www.interforum.fr
Courriel: cdes-export@interforum.fr

Pour la Suisse:
INTERFORUM editis SUISSE
Téléphone : 41 (0) 26 460 80 60
Internet: www.interforumsuisse.ch
Courriel: office@interforumsuisse.ch
Distributeur: OLF S.A.
Commandes:
Téléphone : 41 (0) 26 467 53 33
Internet: www.olf.ch
Courriel: information@olf.ch

Pour la Belgique et le Luxembourg:
INTERFORUM BENELUX S.A.
Téléphone : 32 (0) 10 42 03 20
Internet: www.interforum.be
Courriel: info@interforum.be

Gouvernement du Québec – Programme de crédit d'impôt pour l'édition de livres – Gestion SODEC – www.sodec.gouv.qc.ca

L'Éditeur bénéficie du soutien de la Société de développement des entreprises culturelles du Québec pour son programme d'édition.

Conseil des arts du Canada | Canada Council for the Arts

Nous remercions le Conseil des arts du Canada de l'aide accordée à notre programme de publication.

Financé par le gouvernement du Canada | Funded by the Government of Canada | Canada

Nous reconnaissons l'aide financière du gouvernement du Canada par l'entremise du Fonds du livre du Canada pour nos activités d'édition.

JOAN ROCH

ULTRA ORDINAIRE 2

ODYSSÉE D'UN COUREUR

TABLE **DES** MATIÈRES

Partie 1

PREN DRE LE LARGE

1er AVRIL 2019 — « T'AS PAS LE DROIT D'ÊTRE LÀ ! »

Les deux pieds dans la neige, mon bras étendu loin du corps, comme si cela changeait quelque chose, comme si ma carcasse de mortel en short faisait véritablement écran aux divinités électroniques qui nous scrutent, j'attends que ma montre recouvre la raison. Elle a de quoi être déboussolée après des années passées au fond d'une boîte de déménagement, relique d'une époque victorieuse où je courais loin et bien, prenant d'assaut montagnes et territoires sauvages armé d'une paire de jambes bien fermes et d'un mental de bronze.

Comme les choses changent vite parfois.

La neige fondue pénètre dans mes chaussures trouées, le froid s'insinue en moi. Ma montre ne s'y retrouve toujours pas. Ce n'était déjà pas une mince affaire de la ramener à la vie. Dénicher la bonne boîte, en sortir la montre, remettre la main sur le chargeur, puis, enfin, la brancher. Au contact des électrodes, elle émet un petit cri métallique. Entendu des milliers de fois auparavant, celui-ci me projette quelques années en arrière, le long d'une courbe kilométrique devenue soudain horizontale. Inerte.

L'écran s'allume enfin, les cristaux liquides s'organisent et dessinent des chiffres en total désaccord avec le présent. Les minutes, les heures ne sont pas justes. Pis, la date elle-même est une fiction, jusqu'à l'année qui est en retard d'au moins une révolution sidérale.

Le poids de la montre à mon poignet me dérange. Et j'ai oublié à quoi servent les boutons. Après quelques tâtonnements, j'ai tout de même trouvé la bonne séquence, celle qui fera de nouveau de moi un vrai coureur, dont les pas seront

comptabilisés électroniquement. Mais depuis, j'attends. Les flocons descendent presque à regret, certains se posent sur ma barbe odysséenne et patientent avec moi. Tel un sémaphore planté sur le trottoir, les yeux rivés sur le cadran, je commence à grelotter, mais je ne peux pas bouger, pas encore.

Dix minutes et toujours rien. La table des orbites stockée dans ma montre date de l'Antiquité et l'alignement des astronefs fait défaut. Pour moi, comme pour ma montre, naviguer pour revenir à mes racines après des années d'errance est une épreuve en soi.

« Bip-di-bip », fait ma montre.

Ça y est, mon poignet est à nouveau doté de coordonnées GPS. C'est la belle Anne qui va être agréablement surprise puisque c'est elle, il y a quelques mois, qui m'a suggéré d'effectuer un tel retour. Ce geste, l'air de rien, est hautement symbolique. J'ai repris la course dans l'ombre depuis un bon moment déjà, sournoisement presque. Les preuves de mes déplacements pédestres étaient uniquement photographiques. Pas de griffure rouge sur carte virtuelle. Aucune statistique non plus.

Sans blague, c'est aujourd'hui, en ce 1er avril 2019, que je refais surface. Montréal, me voilà !

— LA PISTE EST FERMÉE AUX PIÉTONS ET AUX CYCLISTES ! T'AS PAS LE DROIT D'ÊTRE LÀ ! T'AS COMPRIS ?

Ce n'est pas l'enthousiasme qui manque, mais le ton n'est pas celui auquel je m'attendais. Non, ce n'est pas un poisson d'avril. En ce premier du mois, le fleuve n'est plus gelé, sa

banquise ayant été démolie par les brise-glace quelques jours plus tôt. Alors, plutôt que de traverser le domaine des amateurs de pêche blanche qui se cache à 50 m sous le tablier du pont Jacques-Cartier, je n'ai d'autre choix que d'affronter l'ire des sbires de la police provinciale.

En parlant de poisson, j'ai fini par apprendre, en discutant avec ces messieurs — les pêcheurs, pas les policiers —, que c'est le doré jaune qui s'égaye sous mes pieds quand je foule, parfois à grand-peine, les glaces du fleuve. Non content de faire irruption en short dans l'impassible quiétude des pêcheurs, je perce parfois l'armure scintillante qui couvre les eaux laurentiennes.

D'ailleurs, cet hiver-ci est particulièrement féroce. Selon ces messieurs — toujours les pêcheurs, évidemment —, cela faisait au moins 15 ans que le fleuve n'avait pas gelé autant. Quand on le regarde de la rive, il semblerait possible de traverser de Longueuil jusqu'aux pieds des montagnes russes de l'île Sainte-Hélène sans se mouiller les pieds, presque 500 m pour quiconque oserait fouler ce pont de glace naturel. Mais, non, je ne tenterai pas cette courte balade, car, sous le chaos des blocs figés par le « surgel », file un courant que seuls les animaux aquatiques sont en mesure de trouver agréable. Sans compter que la perspective de me faire broyer entre des icebergs de plusieurs tonnes ne m'attire guère.

Mais revenons à cet épisode précis où j'ai bien involontairement exhibé mes pieds aux poissons. Et, curieusement, c'était pour échapper à la police que j'ai risqué les engelures.

C'était tout juste deux mois plus tôt, au plus froid de l'hiver. Cette journée-là, je travaillais de la maison en attendant de me rendre, vers midi, à l'enregistrement d'un balado à la grande tour de Radio-Canada, le diffuseur public national. Classe. Un balado de course à pied, évidemment, dans lequel j'allais parler de mes traversées hivernales armé d'un short et d'un coupe-vent. Réputation à sauvegarder oblige, je me suis rendu au studio d'enregistrement en courant. En short. En plein blizzard. Sur ma route, inévitablement, le pont Jacques-Cartier et sa piste cyclable fermée dès que la météo s'enrhume. Bah, pour la énième fois, je me glisse sur le côté des grilles pour ensuite me faufiler dans les angles que je crois morts des caméras de surveillance et atteindre l'autre rive, où je me retrouve nez à nez avec une voiture de police. Indifférent, l'agent ne bouge pas un gyrophare pour m'avertir. Cool. Peu après, j'entre dans les locaux de Radio-Canada, faisant tourner quelques têtes pour cause de nudité hors saison. Néanmoins, avant l'interview, je prends le temps de me changer pour être présentable, mais aussi pour ne pas trembler de froid au micro à cause de mes vêtements humides.

« Il existe un certain plaisir à voir quelqu'un traverser l'enfer presque nu. »

Prophétique Jean-Philippe Wauthier, animateur et coureur douillet autodéclaré.

Une fois notre discussion enregistrée, mon plan était d'effectuer à rebours le parcours qui m'avait mené ici. Je quitte mes habits de ville pour remettre mon contradictoire Lycra et m'élance vers la structure métallique qui me conduira en ligne directe chez moi, où je finirai ma journée de télétravail. Mais cela ne sera pas. Alors que j'enjambe la première clôture, ce sont sirène et gyrophares qui m'interrompent. Ce policier, qui n'a rien à faire en dehors des heures de pointe, traverse avec sa voiture les trois voies de circulation et s'immobilise à mes côtés. Sincèrement désolé, il m'informe :

— Non, tu ne peux pas passer. Désolé. Le pont est fermé. Désolé. Ils sont très stricts sur ce point. Désolé. Je n'ai pas le choix, je suis tout en bas de l'échelle. Désolé.

Bref, lui, personnellement, il s'en cogne, mais non, je ne peux pas passer.

Je lui demande tout de même ce qui arrive si je traverse… et il m'indique que la contravention m'attendra à mi-chemin, à l'île Sainte-Hélène.

— Désolé.

Ainsi refoulé par les forces de l'ordre, je n'ai d'autre choix que de faire un long détour pour rejoindre les glaces que j'affectionne tant ou de prendre le métro pour franchir le fleuve par en dessous. Hum, je reformule : je n'ai d'autre choix que de faire un long détour dans ce froid polaire pour courir sur le dos du Saint-Laurent dont les dents acérées m'attendent avec appétit. Le métro, c'est non. Je n'aime plus ça depuis que j'ai péniblement repris la course, discrètement, sans montre au poignet, il y a déjà deux ans.

Donc, la tête basse, je fausse compagnie à l'agent désolé pour plonger vers le Vieux-Port, longer les quais, emprunter le pont de la Concorde et pénétrer dans l'espace interdit qui forme l'extrémité de l'île Notre-Dame, cet entrepôt à ciel ouvert de

bancs, pancartes publicitaires en vrac et autres artefacts habituellement réservés au Grand Prix du Canada de Formule 1. Par chance, pas de gardien de sécurité aujourd'hui, alors je peux traverser sans inquiétude, ce qui m'économise un petit détour supplémentaire par un trou dans le grillage. Je connais tous les points de passage officiels ou officieux entre les deux rives. On ne m'arrête pas si facilement; des années d'exploration consacrées à éviter le métro et les porteurs d'insigne, ça paye.

De cet endroit, je me laisse glisser le long de la berge jusque sur le fleuve figé, dans cette petite anse gelée, car protégée du courant, qui fait face aux manèges. Il fait horriblement froid, l'unique fonction du soleil aujourd'hui semble être de m'aveugler, et le vent est incisif.

Malheureusement pour mes tibias, la veille, le temps avait été plus doux et des poches d'eau se cachent entre deux couches de glace. Je perfore plusieurs fois la première épaisseur pour me retrouver avec de l'eau jusqu'aux genoux et la peau tailladée par les écailles du monstre habillé de lumière. J'aime croire que c'est à ce moment-là que les dorés ont aperçu mes pieds, probablement légèrement crispés en raison du choc thermique et de l'absence soudaine de surface solide.

L'eau glaciale a ceci d'intéressant qu'elle est un anesthésiant très efficace. Les lacérations de mes jambes ne sont donc qu'un divertissement visuel haut en couleur. Amusant mais pas inédit, car je pense que mon sang coule presque à chaque sortie hivernale. Par contre, cette fois, à voir ma vie glisser sur ma peau mouillée, j'ai appris que le sang gèle lentement.

Autre conséquence inévitable d'une immersion par 20 °C sous zéro, c'est que les chaussures trempées se transforment quasi instantanément en bottes de glace. C'est donc les pattes lestées que j'ai dû gravir les berges enneigées pour, enfin, atteindre cette Rive-Sud tant convoitée.

Une fois de l'autre côté, à Longueuil, je cours sur la voie de service qui longe l'autoroute et une voiture ralentit à mes côtés. La vitre se baisse et un visage apparaît. Tiens, ce visage me dit quelque chose, mais qui est-ce?

— Salut, c'est moi qui t'ai intercepté tout à l'heure de l'autre côté du pont. Les gars t'ont vu sur les caméras et m'ont montré l'article sur toi dans le *24 heures*. Moi aussi, j'ai couru quelques marathons. C'est super ce que tu fais, continue!

Et il repart, me laissant givré, frigorifié, saignant et sans réplique... mais somme toute ravi de la tournure des événements, car, malgré le sang versé, les risques d'engelure et le soleil aveuglant, vivre une petite aventure comme celle-là à quelques mètres de la maison reste un cadeau que je me fais à chaque traversée.

Mais peu importent les extrêmes qui se dressent sur ma route, me revoici en ligne après quasiment trois années d'absence des ondes.

Une étape de plus dans un long voyage de retour qui, je l'espère, touche presque à sa fin.

Une étape infime, superficielle, car le plus difficile est devant moi.

Ma prochaine escale implique de changer de vie.

Oui, il s'agit de mon couple.

Ma femme et moi ne vivons plus dans le même univers et nous passons maintenant le plus clair de notre temps à éviter les sujets qui fâchent.

– T'AS PAS LE DROIT D'ÊTRE LÀ ! T'AS COMPRIS ?

Non, ce n'est pas un extrait de nos conversations conjugales, qui restent parfaitement cordiales et respectueuses, mais bien un avertissement des forces de l'ordre combattant l'anarchie piétonnière à l'aide d'un haut-parleur. Si le message que l'on vient de me hurler est limpide, il m'aura fallu des années pour mettre le doigt sur ce qui nous a irrémédiablement éloignés, ma femme et moi.

***

21 AVRIL 2019 — « COURS-TU ENCORE ? »

Combien de fois m'a-t-on posé cette question, comme si la course était une maladie, un mal qui passe, dont on finit par guérir. Ou comme si c'était un défi temporaire que l'on relevait, pour maigrir, épater la galerie ou franchir une ligne d'arrivée, dossard à l'appui. Et puis, une fois le but atteint, on jette la course comme une vieille chaussette.

Sauf que la course transforme. Profondément. Beaucoup commencent en effet pour maigrir, ou pour terminer un marathon. Dans mon cas, c'était simplement pour être actif, puis les objectifs ont suivi. Mais en cours de route, les nouveaux adeptes de ce sport s'égarent, trouvent un autre chemin, ont une révélation et ne cherchent pas à revenir… à la normale.

Sans aucune hésitation, j'avoue que la course a radicalement transformé ma vie, mon être, mon couple. Rien n'a été épargné. Et en partie à cause de ceci, car rien n'est jamais monolithique, j'ai essuyé d'abord des remarques, puis quelques reproches, enfin un ultimatum. Si mon histoire était unique, ce serait une chose, mais c'est loin d'être le cas. Alors, que nous est-il arrivé à tous pour donner l'impression de succomber à un culte malfaisant ? Pourquoi s'attend-on à ce que nous revenions au bercail, à ce que nous rentrions dans le moule, à ce que nous guérissions et à ce que nous fassions comme avant, comme tout le monde ?

Je m'intéresse aux langues. Pas tant pour les apprendre que pour leurs histoires, leurs origines, leur influence sur notre manière de penser et de voir le monde. Il est assez évident que chaque langue est le produit de son environnement culturel et géographique. Ainsi, le vocabulaire et la grammaire servent à

communiquer dans un contexte d'origine différent d'une langue à l'autre.

Certains mots finlandais (je dis ça au hasard) ne sont pas directement traduisibles dans une autre langue : un mot pour un concept, une phrase complexe en français, mais à laquelle il manque tout de même le contexte culturel. Combien de mots dans les langues des peuples de l'Arctique pour décrire la neige et la glace ? Pour avoir traversé saisons et fleuve entre solstice d'hiver et équinoxe de printemps, j'ai souvent tenté d'expliquer ce que je vois et ce sur quoi je cours. En vain. J'ai constaté que le vocabulaire du peuple francophone se révèle vite insuffisant pour dépeindre la réalité.

Contrairement à mon hypothétique exemple finlandais, j'ai cherché ce qui se dit dans le nord du Canada, et je n'ai pas été déçu. Au Nunavik, l'inuktitut permet en un seul mot de distinguer la neige qui tombe de celle qui est au sol ; la glace d'eau douce de la bouillie de glace de bord de mer ; la toute première couche de glace mince qui se forme à l'automne sur les mares d'eau des glaçons minces qui s'attachent aux herbes et autres végétaux. Et il existerait 93 mots différents pour désigner les diverses manifestations de la glace de mer.

Faute de connaître un seul de ces mots, décrire mes trajets quotidiens devient un marathon verbal alors que je tente de qualifier une épaisse couche de neige cristalline recouverte d'une pellicule de glace pas tout à fait assez robuste pour soutenir mon poids quand je cours dessus et qui, en s'affaissant sous chacun de mes pas, laisse mon pied s'enfoncer assez profondément pour que, emporté par ma propre foulée et alors que j'extirpe le pied de ce cratère, mon tibia se cogne à l'arête coupante que je viens de créer, me laissant avec des bleus ou des lacérations une fois la traversée terminée.

Un mot pour un paragraphe.

Et pourtant, entre coureurs ayant déjà partagé une surface de la qualité de celle-là, plus besoin de longues phrases alambiquées.

« Tu sais, la crème brûlée qui te coupe les tibias ! »

Et l'autre acquiescera d'un air entendu, grimaçant au souvenir de sa peau meurtrie.

Dans *1984*, Orwell exploite ce lien entre les pensées et les mots. Si les mots disparaissent, les idées qu'ils permettent d'exprimer ne peuvent pas survivre. La novlangue comme outil d'asservissement de la pensée, plus puissante que n'importe quelle répression.

En ce bas monde, pas de totalitarisme, juste un glissement collectif vers un excès de bien-être.

À dessein, le confort matériel nous protège des extrêmes. C'est une bonne chose pour la survie de l'espèce à long terme, mais c'est aussi un piège qui nous fait oublier nos origines animales.

Cette hyperprotection sensorielle volontaire nous appauvrit et la moindre déviation prend des proportions démesurées. Les mots « froid », « faim » ou « loin » deviennent effrayants.

L'humain moderne s'est domestiqué tout seul.

En s'extirpant volontairement du confort matériel, on sort déjà du cadre. Et presque instantanément, on épuise le lexique disponible pour appréhender ce que nous vivons et le décrire à notre entourage. C'est presque peine perdue.

Un jargon, serait-on tenté de dire. Oui, il y a évidemment de ça entre adeptes de la course à pied, comme dans n'importe quelle communauté construite autour d'un sujet technique précis. Mais le schisme va bien plus loin que le vocabulaire. C'est une immersion dans un univers de sensations, de sons et d'odeurs dont on ne peut revenir.

L'extrême mobilité nous fait sortir tout naturellement des chemins larges, droits et plats. Nous quittons les autoroutes pour des rues, puis des ruelles, enfin des sentiers, pour finir sur de simples pistes en montagne, loin de l'artificiel et baignés par les bruits et les odeurs de la nature. Forcément, là encore, nos horizons n'ont plus rien à voir avec l'illusion de mobilité qu'apportent les transports modernes : la vitesse et les codes obligent à regarder droit devant alors qu'on couvre des distances phénoménales. Paradoxe incompréhensible pour ceux qui restent esclaves de leur volant.

Et ça ne s'arrange pas avec le temps. Plus on court, plus notre univers s'enrichit de « nouveaux » concepts. Rien d'inédit, en vérité, mais plutôt une liste de désagréments vieux comme

Allo Mont Washington
Allo Mont Blanc
Allo Himalaya
N
NE
E
SE
S
SW
W
NW
fig. 4
Allo Mont Tr
Allo Ad
Allo Mont Lo

le monde, que notre société a enfouis, puis oubliés. Et quand on les redécouvre, les mots nous manquent.

Mais, au moins, la tribu des coureurs partage cette recherche d'un vocabulaire commun. Nous avons appris à lire, à écouter et à décrire plus précisément ce qui nous entoure. Un univers secret, caché uniquement pour ceux qui n'ont pas les outils linguistiques et sensoriels pour le vivre.

Et le vocabulaire sensoriel qui manque aux non-pratiquants est vaste. En courant dehors et, parfois, pendant des dizaines d'heures, on redécouvre ce dont le corps est capable. Avoir chaud alors que la majorité des gens transitent, flasques, de leur salon climatisé à leur garage, à leur voiture, au stationnement souterrain, pour aboutir dans un bureau où ils se plaindront que la climatisation est mal réglée. Avoir froid alors qu'il est possible, pour certains, de traverser les hivers sans jamais mettre le pied dehors, à tel point qu'ils ne possèdent pas même une paire de bottes adaptées. Passer une nuit blanche à courir, attendre l'aube avec impatience, alors que les interrupteurs existent. Avoir faim quand on peut remplir frigo et congélateur pour tenir des semaines sans visiter une épicerie. Avoir soif quand le robinet d'eau filtrée réfrigérée est toujours à portée. Avoir mal et continuer d'avancer malgré les crampes, les ampoules et les écorchures, alors que les canapés et les sièges de voiture vous invitent à l'immobilité la plus totale. Entendre les sons inquiétants de la nature plutôt que les hurlements des animateurs et la musique incessante qui meublent nos espaces collectifs.

Et pourtant, le corps peut courir en pleine canicule; mais oui, vous serez trempé. Il est possible d'être déshydraté et de ne pas en subir la moindre conséquence. Le corps est conçu pour ces écarts, sinon l'espèce elle-même ne survivrait pas sur cette terre. Avoir faim pendant quelques heures, alors qu'il est tolérable de ne rien consommer pendant des jours? Et le froid,

l'hypothermie n'est pas synonyme de mort certaine, les symptômes sont bien connus, mais jamais éprouvés dans la vie industrielle. La faim se fait multiple quand on pousse le corps, avec des sensations distinctes pour le gras, le salé ou le sucré. La fatigue est une invitation à se coucher dans la mousse sur le bord du sentier pendant 15 minutes pour ensuite mieux replonger dans la forêt.

Le vocabulaire sensoriel, donc, est immense et presque entièrement occulté par les paradis artificiels. Le confort est une drogue, un anesthésiant puissant, qui asservit la population de manière sournoise. Évidemment, aux yeux des autres, les drogués, c'est nous, les accros de l'exercice. Tu parles d'un dialogue de sourds !

Bah ! ne pas trouver les mots pour expliquer à mes collègues à quel point mon transport actif vaut la peine d'être vu et vécu, je fais avec. Mais ne plus pouvoir faire partager mon quotidien à la mère de mes enfants, c'est devenu triste. Moi aussi, j'ai du mal à cerner le monde dans lequel elle évolue désormais, après des années de pratique du yoga. Quand elle tente de m'expliquer ce qu'elle a expérimenté pendant une retraite de plusieurs jours, je n'ai ni les références, ni le vocabulaire, ni l'expérience pour comprendre.

Elle a essayé de courir. Mais n'a pas aimé. J'ai tâté du yoga. Sans succès.

La course n'est pas une maladie dont on guérit. Le yoga non plus. Dans les deux cas, c'est un changement d'univers, et de langue, sans retour. Ce serait comme désapprendre à faire du vélo.

Nous ne savions rien de tout ça quand j'ai commencé à battre le bitume. Ni moi ni ma femme. J'aurais dû me douter de la suite quand elle a entrepris d'aligner ses chakras (oui, cette phrase démontre à elle seule toute mon ignorance du sujet).

Mais notre union est consumée.

La faute à qui ? Personne.

* * *

LA FOIS OÙ... j'ai cassé l'ordinateur portable du bureau en tombant à plat dos sur la glace du fleuve. Il faut dire que la glace était en pente.

25 AVRIL 2019 —

PAD THAÏ ET UNION MORIBONDE

Un jeudi soir sur terre, les baguettes qui cliquent au fond des bols, les verres à moitié pleins qui tintent au milieu des rires. Par là-bas, les exclamations d'une longue tablée de convives sont franches. Ailleurs, des couples ou des amis, par deux, discutent tandis que les serveuses vont et viennent sans fracas et arborent un sourire, de rigueur, certes, mais parfaitement honnête.

Quelque part dans cette petite salle décorée de panneaux de bois sculpté et traversée d'effluves orientaux, il y a un couple qui meurt autour d'un pad thaï.

Il y a moi et il y a ma femme, la mère de mes trois enfants. Nous sommes sur le pilote automatique, notre conversation n'offrant rien de nouveau. Après une fin de semaine en famille dans Charlevoix, nous profitons d'une soirée qui, jadis, aurait été qualifiée d'« en amoureux ». Je me demande si les serveuses, du haut de leur expérience empirique en « communication non verbale dans un restaurant », se doutent de ce qui se trame. Probablement. Même à distance, il ne doit pas être trop difficile de voir que les sourires sont fades, les regards distraits, les paroles diluées.

— Tout va bien pour vous ici ?

— Oui, merci, tout est parfait.

Cette soirée était prévue depuis quelques mois, le restaurant voisin d'abord, le spectacle de Zachary Richard au théâtre d'à côté ensuite. Les enfants sont à la maison en compagnie de leur grand-père, nous avons donc quelques heures devant nous, mais sans changer de quartier pour ne pas gaspiller en transport trop de ce temps précieux. Précieux ? Non, plus

maintenant, ce temps a perdu son éclat ces dernières années. Il va complètement s'éteindre dans les prochains jours.

— Excusez-moi, je vais juste rallumer votre petite bougie.

Les sons qui m'atteignent forment une masse confuse. Mes pensées ne tournent qu'autour des conséquences sans fin qui nous attendent une fois l'irréparable accompli. Nous, elle, les enfants, moi, nos parents, nos familles. Ce que je complote me dépasse très largement. Et de savoir que l'histoire des couples qui se trompent et se brisent est vieille comme les dieux de la Grèce antique n'apportera aucune consolation à personne.

Un geste parfaitement égoïste, puisqu'en décidant, seul, de faire basculer radicalement mon existence, j'embarque avec moi tous ceux qui nous aiment. Eux aussi devront se séparer de ce «nous» qui n'existera plus.

— C'est terminé pour vous?

Mais est-ce égoïste d'inscrire le mot «fin» quand une histoire, commencée il y a 15 ans, ne s'écrit plus avec tendresse, mais, au contraire, avec indifférence?

— Oui, il ne reste plus rien.

Dans une autre salle de restaurant, quatre mois plus tôt, Anne a rencontré Joan, tout comme Harry a rencontré Sally. «Mais un mariage ne casse pas simplement à cause d'une infidélité. Ce n'est que le symptôme d'un malaise beaucoup plus profond», *dixit* Jess à Harry.

Une salle de spectacle sombre, de la musique qui prend la place des conversations, un artiste cajun comme point focal: la mort en marche change de décor, mais ne fauche pas. Pas encore.

Le couperet tombe rapidement. Je nous revois, Anne et moi, remplissant deux verres de ce cahors qu'elle a apporté pour moi. Elle est resplendissante dans sa robe noire, des motifs floraux ornent ses jambes. Mes yeux la dévorent. Son regard bleu me fixe. Nos mains, finalement, négligent les verres, qui resteront pleins. Les heures que nous volons à la réalité (et à la nuit) se dérouleront en silence. Les mots que, des semaines durant, nous avions échangés en secret n'avaient pas besoin de complément. Nos corps, par contre…

Peu après, je suis à moitié endormi sur le canapé, épuisé par la bombe que j'ai assemblée mentalement et que je m'apprête à larguer dans nos vies. Tandis que ma femme range ses affaires, je lui explique que j'ai fait un grand ménage pour supprimer la poussière qui s'infiltre partout alors que nous rénovons cette maison bicentenaire.

— Ça ne change pas grand-chose.

Une belle synthèse de l'état de notre couple qui vit ses derniers instants.

Tous les deux installés dans le salon, je me tourne vers elle. L'angoisse me tenaille tandis que je mets le feu à la mèche.

— Je ne t'aime plus.

— Pardon ?!

— Je ne t'aime plus. Je te quitte.

— Moi non plus, Joan, je ne t'aime plus. Je l'ai compris hier. Boum.

***

19 MAI 2019 —

BARBE NOIRE

Sensiblement au même rythme que ceux des coureurs qui me précèdent ou me suivent, mes pas résonnent comme dans une cale vide au moment où j'approche de cette structure tout en bois, ceinte de planches noircies par la pluie. Les clous rouillés émergent, descellés par le temps et le travail du cèdre.

C'est ma maison, une belle d'autrefois comme on dit, une antiquité bientôt bicentenaire construite près du fleuve Saint-Laurent. Aujourd'hui, sous l'ondée, elle évoque plutôt un vaisseau fantôme échoué à quelques mètres des flots. Une coque désertée que j'aurais voulue grouillante d'un équipage de petits mousses. Mes enfants, aujourd'hui absents. Ailleurs. Entre deux foulées, je croise le regard noir que forment les hublots en façade, le pont sans vie.

L'ironie de la situation ne m'échappe pas alors que je descends ma rue pour une deuxième fois. Dire que j'avais en grande partie choisi cette course pour cette raison, cette proximité, la seule compétition de course au pied de ma porte. Mais ce choix date d'avant que je rompe mes amarres, celles qui me liaient à mon couple précédent, et que je me jette à l'eau avec Anne, figure de proue de cette quête d'une liberté renouvelée. Si elle m'est apparue, terre inaccessible aux limites de mon horizon, il y a quelques mois déjà, ce n'est que ces dernières semaines que j'ai eu le courage de tout laisser pour ce Nouveau Monde.

Le marathon de Longueuil est le radeau sur lequel je me suis embarqué pour entamer mon voyage de retour. C'est une entreprise risquée que de quitter une île confortable, de s'éloigner des rivages connus et de prendre le large malgré les récifs

qui affleurent au ras des vagues. Une fois les voiles gonflées, les frontières étroites dans lesquelles j'évoluais sont vite remplacées par des horizons incertains. Quelque part au loin, si les dieux me sont favorables, je recouvrerai ma véritable identité, que j'ai volontairement camouflée en pensant que c'était une bonne chose.

La pluie se calme, enfin. Les flaques d'eau constellent encore ma route, mais le trop-plein s'écoule rapidement. D'ailleurs, c'est à cause de la météo que j'ai mis des chaussures ce matin plutôt que mes sandales de course, mon nouvel accessoire préféré, et certainement pas dans l'espoir de garder les pieds au sec dans un tel déluge. En fait, j'avais peur que la peau ne glisse sur la semelle en caoutchouc et que les pieds ne se retrouvent à frotter excessivement sur les sangles censées les maintenir en place. Courir sur de longues distances en sandales sera pour une autre fois, peut-être.

Et je suis si intégralement trempé que mes aptitudes hydrophiles, acquises sur les sentiers, ne sont d'aucune utilité pour garder mes chaussures au sec. Alors, droit devant, sus aux éclaboussures !

Malgré l'heure matinale et la météo ruisselante, des encouragements retentissent sur notre parcours. À défaut d'entendre la voix de mes enfants, je vais devoir me contenter des passants, techniquement mes voisins de quartier. Mais qui dit marathon dit fermeture des rues. Alors ma future ex-femme a préféré s'extirper du labyrinthe des interdictions de circuler avant que le départ ne soit donné. Malgré ce léger pincement au cœur causé par leur absence, le naufrage de mon couple et les tempêtes réelles ou symboliques qui vont avec, je suis d'excellente humeur.

Pour plusieurs raisons.

Déjà, je suis accompagné le long de ce parcours : Anne et sa petite fille sont là, en spectatrices, trottant d'un endroit à l'autre pour me voir passer. Leurs sourires m'aident à garder le cap, car le rythme est tout de même soutenu. Ça tangue un peu, mais, jusque-là, j'arrive à suivre mon plan de navigation.

Car oui, j'ai tout de même un objectif personnel avec ce marathon. Si j'ai remis ma montre il y a quelques semaines, c'était en prévision de cette journée. Ma dernière compétition sur route date de cinq ans et, ma pause sportive étant maintenant un épisode lointain, je pensais avoir le conditionnement nécessaire pour finir légèrement au sud des trois heures.

Sauf qu'à courir sans plan ni structure ni montre, j'ignorais tout de ma vitesse réelle et, donc, de mon potentiel sur la distance olympique. Préférant ne pas naviguer à vue, il me fallait tout de même quelques données ; instrumenter mon poignet était la meilleure option. Verdict ? Forme honorable. Reste à franchir un marathon-tout-court.

Autre belle surprise, la montre n'est pas la seule épave à avoir été révélée par la marée descendante. Depuis que j'ai décidé de mettre les voiles, mes vieux projets me reviennent en tête : probablement quelques ultras si j'en trouve à mon goût, une expo photo à condition d'apprendre à quoi ça sert et comment ça fonctionne, un deuxième livre pour peu que j'essuie assez de grains pour me permettre d'encrer quelques pages. Et ce n'est pas tout, car j'envisage aussi d'organiser ma propre compétition, une qui serait à mon image, loin des traditions. Poursuivre la photo, m'attaquer à la vidéo, proposer des ateliers, donner des conférences. Ça bouillonne intérieurement, je revis.

Les sabords sont ouverts et je canonne dans toutes les directions. Barbe Noire, pirate des sentiers. Et cette fois, la différence fondamentale est que je ne suis pas seul en mer. Anne est à mes côtés. Elle aussi est en pleine mutinerie contre sa vie d'avant. *Queen Anne's Revenge.*

Parti sans couteau entre les dents, je franchis tout de même la ligne d'arrivée avec une marge de manœuvre de plusieurs minutes. Mes ambitions des prochains mois ne se satisferont pas d'une telle désinvolture, par contre. Pour être bien préparé, je pense qu'il va me falloir aller rendre visite aux vieux loups de mer de la discipline.

Pour commencer, cap sur la Guadeloupe. À l'abordage!

***

LA FOIS OÙ... j'ai traversé la voie maritime à la nage. Cent mètres de nage en sandales dans le domaine des cargos avant d'arriver au bureau.

28 JUILLET 2019 –
LE PRINCE DES CARAÏBES

Rendez-vous au rond-point dit du Nègre marron, sur le boulevard Hégésippe-Ibéné, à Sainte-Anne, en Guadeloupe. Un coureur qui ne court plus devrait être facile à trouver… et pourtant, où est Widy ? Ce n'est pas que le temps presse, mais nous avons faim.

La circulation sur le boulevard n'est pas si dense que ça, mais les voies sont étroites, alors nous devons rouler doucement, évitant une voiture stationnée de manière un peu sauvage par-ci, cédant le passage à une minifourgonnette par-là. Notre Renault Kangoo progresse comme à tâtons. Au travers des gouttes qui troublent le pare-brise, nous scrutons le bord de mer.

Le plafond est bas. Aussi loin que l'œil se porte, les nuages sombres, encore lourds de pluie, défilent et teintent la mer d'un magnifique bleu sarcelle. Si le gros de la tempête est passé, les vagues et le vent persistent. Les mâts des voiliers de plaisance oscillent tranquillement, animés par ces énergies sans cesse renouvelées.

Plus proches de nous, les palmiers élancés bordent la plage, ployant majestueusement au rythme du souffle marin. En ce tout début d'après-midi, la promenade à leurs pieds est déserte, la faute à la grisaille persistante. La journée avait pourtant démarré sur une base bien plus lumineuse, même si les auspices indiquaient nettement que le soleil n'allait pas dominer le littoral bien longtemps. Alors que nous courrions sur les sentiers près du Moule, l'horizon déjà était chargé.

Aujourd'hui, le programme nous demande de sauter d'une roche à l'autre en regardant les vagues se fracasser sur les

rochers acérés en contrebas. Nous prenons bien soin de ne pas trébucher, car sous nos semelles, les lames taillées par l'érosion trancheraient nos peaux sans peine. C'est notre piste de course du jour, radicalement différente de la spongiosité de la veille.

Ces sentiers exotiques me ramènent quelques années en arrière, en cette Martinique qui n'est qu'à une poignée d'heures de bateau d'ici et que j'avais traversée du nord au sud, par le milieu, montagne Pelée, jungle, bananeraies et savane des pétrifications incluses. C'est là que j'avais fait la connaissance du dossard Widy - 22 - Guadeloupe.

Si la Guadeloupe réveille en moi de magnifiques souvenirs, c'est un terrain de jeu inédit pour Anne. Et je m'amuse à lui faire découvrir les multiples facettes de la course en sentier, elle qui n'avait jamais quitté les chemins larges et plats avant de me rencontrer. Tout de même, avant de la plonger dans l'enfer vert des contreforts volcaniques, je l'ai guidée sur les classiques de la discipline du Québec : L'Isle-aux-Coudres, Bromont, Tremblant, Charlevoix, mont Sainte-Anne. Oh, comme elle a pesté contre les racines et tenté, en vain, d'éviter de se mouiller les pieds ! Il fallait bien commencer quelque part.

Et là, boum, dix jours d'immersion dans les Caraïbes. Mais c'est pour son bien, car elle envisage de participer à son premier ultra-trail bientôt, alors il lui faut savoir ce que *trail* signifie. Moi, à mon premier essai, je n'en savais rien, et le terrain avait gagné, haut la main.

Anne et moi profitons donc au maximum de chacun des instants passés dans l'archipel. Du sommet écorché de la

Soufrière aux traces boueuses de la rivière Moustique, nous testons tout, même des bagues de fiançailles. Demain, ce seront les routes de campagne avec Widy et, pour la fin du séjour, nous irons explorer les Saintes, ces rochers qui font office d'îles un peu plus loin au sud.

À voir les nuages rouler vers nous, nous savions bien que quelques dizaines de minutes à peine nous séparaient d'une averse tropicale. Nous avons donc tout autant savouré les lumières de l'aube que les gouttes rafraîchissantes qui ont suivi. Mais si nous avions conduit des pentes de Basse-Terre jusqu'à Grande-Terre, de l'autre côté de la rivière Salée, c'était aussi pour retrouver Widy, l'icône rasta du trail antillais, et sa compagne, Jackye. Ça fait longtemps, depuis leur visite au Québec en 2015.

Et depuis, eh bien! je me demande qui a le moins couru…

Soudain, nous apercevons la toile rouge de son kiosque à *kassav'*. Notre dîner est là! Nous stationnons la voiture à quelques pas de notre ami et nous sommes aussitôt accueillis par sa voix calme et son accent apaisant. Tout sourire et gracile comme un félin, Widy se dirige vers nous. À part, peut-être, quelques dreadlocks plus courtes, il n'a pas changé depuis nos arrivées main dans la main, d'abord à la conclusion de la Transmartinique, puis à celle de La petite trotte à Joan. Sauf que, depuis, il a essentiellement troqué ses chaussures contre la culture du manioc.

Et c'est justement pour ça que nous débarquons en bordure de rond-point, là où Jackye et lui s'installent plusieurs fois par semaine pour vendre leurs créations culinaires inspirées des techniques traditionnelles. Suivant leurs conseils, nous testons les hamburgers végétariens, les tartelettes et, bien entendu, les *kassav'*, ces galettes de farine de manioc, mais en version coco. Je savais déjà depuis quelques années qu'ils s'intéressaient à la revitalisation du manioc. Mais de l'idée à la réalisation, quel progrès et quel délice!

Une fois repus, nous quittons nos amis déjà, car ils doivent s'occuper de leurs clients. Nous donnons rendez-vous à Widy pour aller courir à l'aube le lendemain matin, une routine qu'il a presque entièrement remplacée par la discipline ardue du cultivateur. Il n'a probablement pas gagné au change, car transformer le manioc n'est pas pour les doux, je vous l'assure. Widy semble un petit peu nerveux à l'idée de cette sortie, mais sans plus. Il a du métier, quand même.

Sans grande surprise, le lendemain matin, Widy ne montre plus aucun stress. Même si sa carrière de coureur de longue distance est derrière lui, il est à l'aise avec cette réalité. Parfois, nous dit-il, il enfile encore ses chaussures pour faire un petit tour. Mais lorsque nous lui demandons à quand remonte sa dernière sortie, il répond ne plus s'en souvenir. Et c'est avec un sourire discret mais lumineux qu'il ponctue sa phrase. Serein, sans aucun doute.

Je me surprends tout à coup à contempler le gouffre qui sépare cette paix affichée du malaise qui caractérisait ma période de jachère sportive. Assurément, je n'étais pas prêt à lâcher prise. Bien au contraire.

YAMAHA
225

Également de passage dans l'île, des amis de Widy se joignent à nous pour cette balade dans les hauteurs de Sainte-Anne. Sans plus tarder, nous suivons notre guide, l'icône du trail, qui va nous faire tournicoter dans son pays natal par les routes de campagne. Le rythme est tranquille, l'aube scintillante, l'ambiance feutrée. Nous croisons quelques autres coureurs au rythme tout aussi paisible. La chaleur et l'humidité sont encore sous contrôle, mais il faut viser juste pour à la fois profiter de la lumière matinale et éviter l'étuve qui, inévitablement, suivra. Étant donné notre rythme placide, la chaleur nous attrapera avant la fin. Pourtant, fidèle à mon souvenir, Widy ne transporte rien, à part une bête bouteille d'eau en plastique du commerce.

Finalement, nous redescendons vers le rond-point et notre trajectoire se termine dans la mer, précisément au bout d'un semi-marathon. Widy semble pas mal fier de lui.

— Je n'ai pas couru de semi depuis des mois ! Je pense que je vais avoir mal aux jambes demain.

Nous accompagnons ensuite Widy jusqu'à sa kassaverie, pour retrouver Jackye et poursuivre notre discussion écourtée de la veille. Le local, percé d'ouvertures béantes sans vitre (inutile sous ces latitudes), est bordé d'avocatiers aux branches chargées de fruits gros comme des melons. L'espace est encore en chantier, mais Jackye nous explique que les idées de développement fourmillent. Widy entreprend de cuisiner pour nous des *kassav'* tandis que Jackye sort son kombucha maison.

Nous prenons place sur des bancs fabriqués avec du bois de palette, car, ici, tout est axé sur la réutilisation, le local et l'artisanat. En discutant avec eux, je réalise à quel point leur projet est vaste et ambitieux, car tout est à inventer. Jackye se concentre sur l'élaboration de nouvelles recettes tandis que Widy travaille d'arrache-pied pour moderniser sa petite kassaverie. Et à deux, ils veulent créer une table d'hôte locavore, sans se ruiner financièrement, tout en honorant l'héritage et la mémoire de la mère de Widy. Anne et moi nous reconnaissons instantanément dans ce couple symbiotique qui s'est initialement formé autour de la course à pied.

L'heure des au revoir arrive, malheureusement. Eux travaillent, nous en vacances, dans les deux cas, des horaires bien remplis. Dès le lendemain, nous prenons la mer pour nous rendre à Terre-de-Bas, une île sèche et brûlante qui se traverse en courant en moins de 45 minutes. On est loin de la Transmartinique… mais les cabris sont mignons.

C'est le jour d'après, alors que nous déambulons dans les rues du quartier de Fond-du-Curé, à Terre-de-Haut, le caillou voisin, que je suis interpellé par un être en fin de parcours. Il me rappellera une antique énigme grecque, celle de l'animal qui parle d'une seule voix et qui marche sur un nombre changeant de pattes en fonction de l'heure de la journée.

Son corps tordu se meut avec lenteur. La peau évoque un vieux cuir usé, comme une ceinture trop portée qui s'effrite. Sa voix sépulcrale m'invite à m'approcher alors qu'il peine à s'extirper des griffes de la mort et de l'antre de sa chambre qui donne directement à l'extérieur, sur une petite place débordante d'activité. Quelques heures de plus à vivre, au soleil, sur cette île périphérique. Je me dirige vers lui, intrigué par cette apparition un peu surnaturelle.

D'un souffle qui ne souffre aucun refus, il me demande de l'aider à attacher sa chemise. Le premier bouton est déjà mis, mais tous les autres sont à finir. Pour pouvoir l'aider, je pose sur le sol le sac en papier rempli de tourments d'amour, ces pâtisseries traditionnelles que nous venons d'acheter à sa voisine avant de fuir vers les plages, de l'autre côté de la crête. Un bouton après l'autre, je m'emploie à attacher sa chemise. Je suis d'abord décontenancé par le fait que tout est à l'envers, puisque c'est le vêtement d'un autre que je ferme, mains droite et gauche doivent changer de rôle. Une fois cette considération pratique assimilée, je travaille du haut vers le bas, détaillant avec curiosité et, oui, dégoût l'état incompréhensible de sa peau. Je n'arrive pas à déterminer ce qui cloche précisément. Elle semble sèche, poussiéreuse, usée par les intempéries, le sel, le soleil et quelque affection que j'espère non contagieuse.

Arrivé au dernier bouton, je me rends compte que, même agenouillé, je suis pratiquement aussi grand que cet imminent cadavre. Il a rétréci avec le temps, ou la maladie. Sa colonne semble d'ailleurs se prendre pour un accordéon, se recroquevillant sur elle-même, une lente contraction tout en angles et en cassures. Quand il sera mis en terre dans un de ces cimetières créoles dont les sépultures sont ceintes de coquillages, il n'occupera pas autant de place que s'il était mort quelques années plus tôt. Quelques lambris de moins pour faire le tour de sa tombe…

Une fois sa chemise boutonnée, malgré les relents de transpiration de cet être en transition vers le néant, il me demande de vérifier si son bermuda est bien attaché. Je m'exécute, visage tenu à distance de l'entrejambe du malade, soulevant les pans de sa chemise trop grande pour confirmer que bouton et ceinture rempliront leur rôle de maintien de vêtement lorsqu'il claudiquera vers… où peut-il bien aller, en fait ? Car toute destination est pour lui si lointaine et pénible à atteindre. J'imagine qu'avant de s'effacer il pouvait marcher, courir, grimper, sauter à sa guise, et que l'île dont nous avons fait le tour en quelques heures était pour lui aussi un simple et microscopique territoire. Désormais, l'homme qui rétrécit ne peut probablement même plus aller voir l'océan, à deux rues d'ici. Son univers s'est dilaté, alors que lui s'est replié sur lui-même.

« Il ne tombera pas ? » seront ses derniers mots à mon intention, parlant de son short qu'il n'occupe plus vraiment, ses jambes s'étant dissoutes dans un présent trop vif pour lui maintenant, une sorte de retour du balancier, une disparition progressive, une incapacité grandissante à porter même une ombre sous le soleil de plomb. La lumière ne veut plus de lui.

Ses haillons bien en place, je récupère le sac de tourments d'amour avant de reprendre ma marche avec Anne. Pensant à cet homme broyé par les rouages du temps, c'est alors que l'énigme du Sphinx me revient en tête.

— Quel est l'animal qui, pourvu d'une seule voix, marche à quatre pattes le matin, à deux pattes le midi et à trois pattes le soir ?

Anne donne sa langue au chat.

— C'est l'Homme. Il marche à quatre pattes quand il est bébé, à deux pattes au zénith de sa vie, puis à trois pattes quand, devenu vieillard, il doit s'appuyer sur un bâton.

Et je réalise alors le privilège que nous avons d'être encore valides, mobiles, capables d'explorer ce monde en marchant ou en courant. Cet homme en suspens, coincé entre la lumière et la noirceur, condamné à ne plus voir le monde que par l'embrasure de sa porte, comme un écran de télévision qui ne diffuserait plus qu'une seule chaîne, ça doit être ça, son message. Bouger à la moindre occasion, un résumé efficace de notre séjour en Guadeloupe et de notre vie en général. Avancer, explorer les marges, vivre avant que le temps ne nous attrape pour nous enfouir sous terre entourés de quelques coquillages.

***

7 SEPTEMBRE 2019 — *THE CLOWN PRINCE OF TRAIL*

Mon sang fait des bulles.

Si s'entraîner pour un ultramarathon est, à long terme, bénéfique pour la santé, en courir un pour vrai peut avoir des effets secondaires… tragi-comiques.

À courir (presque) tous les jours, comme Anne et moi le faisons, voire deux fois par jour quand il est question de transport, on accumule mécaniquement des kilomètres. Peu importe la quantité quotidienne, car, dès que tu multiplies n'importe quoi par (presque) 365, tu obtiens un nombre respectable. Après quoi, que les kilomètres courus soient structurés, reposants, découpés en intervalles ou ordonnés suivant une cadence pyramidale, ça ne change pas grand-chose quand vient le temps de s'attaquer à un ultramarathon. La constance est la meilleure alliée. D'ailleurs, quand on appose l'étiquette « sport extrême » ou ses déclinaisons à l'ultrafond, je réplique systématiquement avec l'argument suivant :

« Les coureurs d'ultras sont les plus raisonnables que je connaisse. Ils sont patients. Ils passent des années à courir, à apprendre à se connaître, à se préparer très graduellement pour les compétitions. Ils ralentissent quand des douleurs apparaissent, reprennent tranquillement une fois l'alarme éteinte. Et c'est facile à faire quand ton seul plan est d'aller dehors le plus souvent possible avec pour unique objectif de faire ça toute ta vie. Finir un ultra n'est pas le but poursuivi. En fait, il s'agit de pouvoir annoncer sans vantardise que tu peux te présenter à la ligne de départ d'un ultra n'importe quand, dès demain si nécessaire, sans préparation additionnelle. Les coureurs d'ultras sont toujours prêts. »

Mais ce matin, le sage saigne des orteils. Bravo champion!

Eh oui! malgré toute mon expérience, malgré ces 40 000 km enfilés depuis mes débuts à l'aube de la trentaine, des bulles écarlates perlent au travers du tissu de mes chaussures. Aujourd'hui, j'accompagne Anne pour son premier essai sur 80 km. Elle, elle va très bien. Moi, en apparence, moins bien. Et ça l'inquiète de me voir grimacer à chaque pas depuis le deuxième kilomètre. Par chance, je porte une belle paire de chaussures rouges, presque la même couleur que mon sang, alors les taches ne se voient pas trop. Des vraies tatanes de clown. Toutes neuves. C'est d'ailleurs là mon erreur.

Haliburton, en Ontario. Un retour aux sources pour moi puisque c'est ici que j'ai terminé mon premier ultra d'envergure, 80 km justement. C'est aussi une sorte de voyage dans le temps pour n'importe quel coureur, car cette course est organisée selon la plus pure tradition communautaire, à l'ancienne, sans changement notable par rapport aux épreuves fondatrices de la discipline, vers la fin des années 1990. Un fossile vivant. Événement bon marché et sans artifice, qui invite les participants à planter leurs tentes dans le champ à côté de l'arche de départ, construite avec quelques morceaux de bois.

Je trouvais que ce voyage dans le temps et l'espace était une bonne idée pour initier Anne à cette discipline. Autre tradition, la bière. La veille au soir, comme somnifère. Malheureusement pas assez puissant pour couvrir les discussions interminables de nos voisins de toiles. Et ils parlent. Et encore. Et toujours. D'après ce que j'en comprends, il s'agit surtout d'une manière, pour ces deux-là, d'évacuer le stress d'avant-course. Et tant pis pour les autres.

M'enfin, je peux bien me plaindre du manque de sommeil, ce n'est certainement pas ça qui m'a fait commettre une erreur de débutant, à savoir : étrenner une paire de chaussures à l'occasion d'une sortie de 80 bornes. Non, c'est plutôt l'excès de confiance typique du vétéran qui pense avoir tout vu... puis qui n'ose pas avouer qu'il s'est joliment trompé.

« Aïe ! » protestent les plaies de mon pied gauche, 90 fois par minute.

À l'origine, j'avais choisi ces chaussures pour les tester en vue d'une future épreuve au très long cours, encore indéterminée. Deux critères importants avaient guidé mon choix : la couleur d'abord, le confort ensuite.

Il m'en fallait absolument des rouges pour aller avec mon costume de Joker, version Joaquin Phoenix. Pourquoi ? Parce que Batman. J'ai toujours ce t-shirt orné du logo jaune qui a, d'une certaine manière, fait ma réputation sur les sentiers, et je le porte encore. Mais honnêtement, mon approche expérimentale est plus proche du chaos semé par le Prince du crime que de celle, hypertechnologique, du Chevalier noir. Alors, quand est venu le temps de choisir mes godasses pour un hypothétique ultra, je me suis basé sur des considérations esthétiques en lien avec un costume inadapté à la course. Logique.

« Aïe ! » pleurent les lésions de mon pied droit, 90 fois par minute.

Parlant de logique, rechercher une épreuve monumentale en est une conséquence, logique, du retour de la course dans ma vie. Mais avec une conviction renouvelée. Depuis ma glorieuse année 2015, j'ai bien porté quelques dossards, sauf que plusieurs ont terminé à la poubelle sans même franchir la totalité de la distance. Le cœur n'y était plus. Ni à la maison ni ailleurs manifestement.

L'ambiance est bien différente maintenant. L'amour donne des ailes et mes jambes sont de nouveau libres, alors j'en profite sans compter. Mes allers-retours s'étirent et je migre graduellement vers l'équivalent d'un marathon par jour. En sandales principalement, car j'ai la flemme de mettre de vraies chaussures.

Malheureusement, malgré ce conditionnement, je n'ai toujours pas trouvé d'événement qui aiguise ma curiosité. Ni d'occasion de revêtir mon costume rutilant. Alors, je n'ai pas encore porté ces belles chaussures rouges avant aujourd'hui.

« Aïe ! » saigne ma peau à 180 foulées par minute.

Couleur et confort, hein ? Je ne me suis trompé qu'à moitié.

De son côté, Anne vole sur les sentiers. La nuit trop courte n'a eu aucun effet sur elle. J'aimerais croire que ce sont mes conseils qui lui permettent de dominer le sentier comme ça, mais ce serait mentir. Je lui adresse bien quelques encouragements pour l'aider à se maintenir en tête de la course chez les femmes. Mais ce sont nettement mes muffins banane et chocolat, cuisinés la veille, qui sont le plus efficaces pour la faire

avancer. Quelque part dans un sac déposé dans un ravito, j'en ai emballé une demi-douzaine avec soin.

Nous atteignons enfin cette station d'aide et prenons le temps de déguster le produit de nos fourneaux. Anne ne semble tout simplement pas croire que de courir 80 km puisse être si facile. Pour reprendre les mots de Vincent, mon ami coureur avec qui j'ai commencé à explorer les glaces du Saint-Laurent et disciple autoconverti au chaos :

— Ben oui, c'est normal, ce n'est qu'un demi-ultra !

Merci, Vincent, pour les encouragements.

Blague à part, c'est vrai qu'un ultra qui se termine dans la journée est relativement facile, comparé à un 160 km. Un peu comme un semi-marathon n'a pas grand-chose à voir avec un marathon. Dans un cas, c'est le fameux mur qui vous siphonne toute votre énergie vers le 32e kilomètre ; dans l'autre, c'est la nuit blanche qui vous anesthésie les neurones et la volonté qui en découle.

Un tout petit peu moins de neuf heures après le départ, nous franchissons la ligne d'arrivée. Typique pour une course comme celle-là, la première place d'Anne est célébrée avec le même enthousiasme que la dernière. La notion de performance numérique absolue qui a contaminé la discipline ces dernières années n'a pas cours ici.

Bon, on a fini de courir, là ? Arrive le moment fatidique où il me faut déballer mes pieds et constater l'ampleur des dégâts. Euh, infirmière ? !

Presque cul-de-jatte, je me traîne jusqu'à la baraque des secouristes affectés à l'événement. La vue de mes moignons n'inspire aucune pitié : l'infirmière ici présente a de l'expérience. Elle commence les soins, qui dureront une bonne vingtaine de minutes. Bain de pieds pour nettoyer les multiples plaies, quelques coups de ciseaux pour supprimer les lambeaux de peau devenus inutiles, désinfection, quelques antiseptiques

topiques, de la gaze, puis des pansements découpés sur mesure. Pendant ce temps, elle m'interroge.

— Pourquoi ?

— Parce que Batman.

Une fois sortis de l'asile… euh, de l'infirmerie, nous nous dirigeons vers la cérémonie de remise des prix, qui se déroule sur la rampe de chargement d'un petit camion. Le décorum dans un champ de boue à l'orée d'une forêt n'est pas super important. Anne, première femme, repart avec une veste de course. Moi, troisième homme, gagne une crème anti-frottements pour les pieds. Ça ne s'invente pas.

Peu après, nous quittons la forêt de Haliburton et reprenons la longue route vers Montréal. Si j'arrive à conduire avec mes pieds gangrenés, courir jusqu'au bureau dès lundi sera une tout autre paire de manches. J'évoque même la possibilité de prendre le métro, ce à quoi mon ami Vincent ne croit pas du tout. Et de toute façon, le problème n'est pas de choisir entre marcher jusqu'au métro ou courir jusqu'au boulot, mais bien d'enfiler des chaussures, peu importe qu'elles soient de ville ou de course.

Ça tombe bien, étant donné que les chaussures ne me sont plus indispensables pour courir : j'irai tout simplement en sandales.

— Je me doutais que tu pouvais toujours courir sur tes moignons !

Merci, Vincent, pour ta confiance.

J'avais juste oublié que le code vestimentaire du bureau impose chaussures et costume. Pour cette fois, j'invoque une raison médicale pour échapper aux reproches. Facile à justifier, il suffit de regarder les nombreux pansements qui ornent mes pieds. Mais une fois rétabli, je me demande bien quelle tête feraient les autorités corporatives si j'arrivais avec mes chaussures rouges et le joli costume de clown que j'ai acheté pour aller avec…

***

LA FOIS OÙ... Anne et moi avons quémandé de l'eau en Guadeloupe. De dire la dame : « On ne refuse jamais d'eau à celui qui en demande ».

7 OCTOBRE 2019 — LE PRINCE DU BIGFOOT

— Mon putain de tendon d'Achille. Je n'ai plus aucun plaisir à courir. J'ai toujours mal. Pas moyen de faire plus de quelques kilomètres avant que ça commence à tirer. Et ça empire pendant la course.

Mes doigts se crispent sur les ustensiles. Je hoche la tête en signe de déni.

— J'ai tout essayé. Les traitements, les physios, le repos... J'ai beau changer de chaussures, éviter le dénivelé, rien à faire. La douleur s'estompe un moment, j'y crois, et boum, quelques jours plus tard, c'est reparti. Chaque matin, juste sortir du lit et mettre le pied à terre, c'est l'enfer. Je suis totalement découragé.

Mes épaules s'affaissent alors que je laisse échapper un profond soupir. Il n'y a pas grand-chose de pire pour un coureur que la blessure. Surtout celle dont les contours ne sont pas bien définis, qui ne semble obéir à aucune règle. Les douleurs qui vous tendent des embuscades, comme dotées d'une volonté maligne.

— Et après chaque pause forcée, j'ai l'impression d'avoir tellement perdu la forme... Pendant les quelques jours où ça ne fait pas trop mal et que je peux courir à peu près normalement, je ne vais pas loin ni vite, évidemment. Et les courbatures après...

Le deuxième verre de bière est bien entamé, les assiettes quasiment vidées. Les plats étaient délicieux, encore une fois, mais l'ambiance est un peu maussade. La faute au tendon.

— Je me demande si je vais pouvoir courir de nouveau un ultra un jour. Je n'ai rien terminé de gros depuis le Bigfoot. Putain, c'était il y a quatre ans !

Pat en a ras le bol.

Et je le comprends. Enfin, je pense le comprendre, car je n'ai jamais été blessé. J'ai eu mal partout, je me suis fait peur, j'ai traîné des douleurs pendant des mois, des années parfois, mais jamais au point de devoir arrêter.

— Toujours le même côté ?

— Non, il y a un an, c'était à droite. Maintenant, c'est le tendon gauche. C'est incompréhensible.

Ne pas courir, par contre, ça je connais. Quand c'est volontaire, comme ça m'est arrivé au moins deux fois déjà, c'est tolérable. La première fois en 2005, à mes débuts, alors que je ne courais que depuis quelques semaines et que j'ai laissé tomber pour cause de rhume. Le désir est revenu, évidemment, dès l'année suivante. La deuxième fois, c'était en 2011, après une année particulièrement réussie. Je pensais avoir atteint le sommet de mon potentiel et la motivation a disparu. Une année complète pour me rendre compte que le plaisir de courir ne se mesurait pas en nombre de médailles, mais bien dans la contre-intuitive routine quotidienne.

— Faut que je guérisse ça pour refaire le Bigfoot. J'en rêve, de cette course-là. Et je dois prendre ma revanche au Moab, j'ai des comptes à régler là-bas.

Mais l'arrêt, quand il est imposé par des forces extérieures, que ce soit une blessure ou une incompatibilité avec l'harmonie familiale, a le même effet, il me semble. De la frustration au quotidien, un bonheur qui s'effrite, un mal-être plus ou moins subtil.

On ne peut pas empêcher un ultramarathonien de courir. Et un ultramarathonien ne peut s'empêcher de courir. C'est contre nature.

Pourtant, ne pas courir est, *a priori,* sans importance, car ce n'est qu'un sport, un loisir. Et le loisir est censé être optionnel, sacrifiable sur les autels des contraintes professionnelles ou matrimoniales. Mais… non. Passé un certain point, ce loisir devient un pilier essentiel à l'équilibre de la vie du coureur. Alors, être privé de course a un effet désastreux; la cause n'y change rien.

— Bigfoot, Moab… Il n'y en a pas une troisième comme ça? Une autre course de 200 miles dans le même coin?

— Oui, ce sont les courses de Candice. Elle en organise trois: le Bigfoot 200, le tour du lac Tahoe et le Moab 240. Le Triple Crown.

À l'équation du coureur immobilisé il faut ajouter l'entêtement qui, quasiment par définition, caractérise tous les coureurs d'ultra. Vous obtenez non pas un résultat explosif, mais plutôt une longue agonie, un être obstiné qui n'aura de cesse de trouver une solution à son problème.

— Ah oui, c'est vrai, Candice Burt. Mais le Triple Crown? C'est quoi?

— Pour faire le Triple Crown, il faut que tu enchaînes Bigfoot, Tahoe et Moab dans la même saison. Août, septembre, octobre. En deux mois.

— Oh, O.K... Mais le Bigfoot, tu avais terminé en combien de temps déjà ?

— Quatre-vingt-deux heures vingt minutes.

— Euh, ça fait combien de jours ? J'ai du mal à faire le calcul...

Terminer un ultra, ce n'est pas une question de vitesse. S'il faut marcher, ce n'est pas grave. Prendre le temps de s'arrêter pour manger à un ravito, ça peut faire la différence. Une petite sieste ? C'est parfois plus rentable que de s'endormir debout. Il s'agit tout simplement de ne pas abandonner. Jamais. De toujours chercher un moyen d'avancer pour, un jour, atteindre la ligne d'arrivée.

— Presque trois jours et demi.

— Ah ouais, c'est pas mal. T'as dormi un peu ?

— Un peu. Trop, en fait. Cinq heures et demie au total. Si j'avais moins dormi, je serais passé sous la barre des 80 heures.

Cette attitude fait probablement partie de la personnalité de l'ultramarathonien avant même qu'il ne découvre ce sport. Mais après être passés une fois ou deux dans la moulinette, certains d'entre nous découvrent à quel point ce trait de caractère, poussé à l'extrême, permet de réaliser des choses qu'ils croyaient inaccessibles.

— Tu me connais, je suis une vraie tête de cochon.

Je lui réponds par un hochement de tête et un sourire entendu. Oh oui, je sais.

— Tu as déjà pensé à le faire, le Triple Crown ?

— Hum hum, j'y pense pour l'année prochaine, mais il faut d'abord que je me remette sur pied. Je ne vaux plus rien à la course.

— Bah, ça va revenir, tu en as vu d'autres.

Et cette manière de fonctionner, de toujours chercher un moyen d'atteindre un objectif, quitte à faire des pauses, à contourner l'obstacle, à faire des détours pour mieux revenir sur le chemin et ne jamais déclarer forfait peu importent les circonstances, ça déteint partout. Dans toutes les sphères de la vie, quel que soit le projet, la mécanique est identique.

— Ouais, toi aussi.

Pendant la suite de notre repas, le Triple Crown ne quitte plus vraiment mes pensées. L'idée de m'inscrire à la plus longue course de ma vie, non pas une fois, mais trois fois de suite, vient de réveiller quelque chose. J'ai trouvé ce qui allait conclure ce retour à ma véritable identité.

Un énorme problème à résoudre.

Exactement ce qu'il faut pour nourrir ce trait de personnalité que nous partageons, Pat et moi : un objectif absolument symbolique, mais particulièrement difficile à atteindre.

Une mission qui nous permet d'aller chercher le meilleur de nous-mêmes.

— Intéressant, cette histoire de Triple Crown. Ça commence au mois d'août, la première course ?

— Yup !

Plus de 1000 km en deux mois. Plus de 34 km de dénivelé positif cumulé.

— Je vais voir si je ne pourrais y aller avec toi. On ne sait jamais.

Voilà, je sais ce que je fais l'été prochain. Ce ne sont certainement pas des procédures de divorce, une garde partagée à définir, un emploi à temps plein ni rien d'autre qui vont m'en empêcher.

***

patagonia

28 MARS 2020 – LA PANDÉMIE VUE DU CIEL

Zombies, RUN!

Ah, cette ambiance de fin du monde. Au minimum, la fin d'un monde. Le nôtre, peut-être.

Du jour au lendemain, le grondement de la ville s'est tu. Ce ronflement sourd, étonnant, qui normalement flotte au ras du fleuve pour polluer le clapotis de l'eau sur la rive opposée du Saint-Laurent, à plusieurs kilomètres de là. Pour le percevoir, il faut que je fasse une pause pendant ma course, car le sifflement de ma respiration couvre sans peine ce bruit. Aujourd'hui, il n'y a que les vagues. Des artères autoroutières aux ruelles capillaires, les surfaces asphaltées se sont vidées de leurs particules métalliques.

En contrepartie, des silhouettes, en grand nombre, déambulent lentement, désorientées, sans but apparent. N'ayant plus nulle part où aller en voiture, les citoyens redécouvrent la bipédie et se ruent d'un pas mou et incertain sur les pistes cyclables. En vérité, j'assiste au sevrage collectif des drogués du volant, sonnés par une gueule de bois monumentale, conséquence d'une orgie d'énergies fossiles commencée il y a un siècle.

Alors que je fends tant bien que mal cette masse, quelques marcheurs, éblouis par la lumière de l'aube, me regardent passer. Certains semblent hostiles et, à mon approche, tendent un bras sur le côté, le poing fermé. D'autres, craintifs, se cachent carrément derrière les troncs d'arbres qui bordent la piste cyclable. Ce n'est pas ma faute si mon habituel terrain de jeu est maintenant bondé et qu'il m'est impossible de maintenir les distances physiquement acceptables. À l'ère de la COVID-19, il faut faire de l'air.

Fatigué de cette paranoïa, je fuis la foule pour me jeter en plein milieu de la rue sans même regarder à droite et à gauche. C'est inutile. Tous les véhicules sont inertes, stationnés en bordure de trottoir. Certains commencent à accumuler un peu de poussière sur leur pare-brise. Le Grand Confinement n'a pas que des côtés négatifs.

Malgré mon indépendance personnelle vis-à-vis des transports motorisés, je ne suis pas immunisé contre les effets déstabilisants du virus planétaire. Déjà, il m'a fallu réapprendre à courir pour rien. Quitter ma maison, tourner en rond, revenir chez moi. Ça ne paraît pas comme ça, mais, à part en compétition, toutes mes courses des huit dernières années m'amenaient quelque part. Et là, du jour au lendemain, mes jambes galbées semblaient devenues superflues. Après quelques instants de flottement, je me suis résigné à faire comme par le passé et à explorer mon quartier, sans me perdre.

Pour être mieux accepté par mes pairs, j'ai tenté de courir avec un couvre-visage. Et pour détendre un peu l'atmosphère, plutôt que d'enfiler un accessoire chirurgical, j'ai sorti l'artillerie lourde.

Rouge, noir et argenté, il couvre parfaitement bien le nez et la bouche, passe bien sous le menton et fait tout le tour de la tête. Même en cas d'effort intense, il restera bien en place. Moins pratiques, les ouvertures pour les yeux, que recouvre une sorte de mini-moustiquaire en tulle noir. Les sons également sont étouffés par le tissu et les pièces en faux cuir qui dessinent des motifs flamboyants. Et il ne faut pas que j'oublie de mentionner les grandes oreilles pointues qui se dressent de chaque côté du

crâne. Ah, ce masque de *luchador* mexicain acheté il y a des années m'est enfin utile! Avec mes cuissards coordonnés, j'arrive à arracher quelques sourires sur mon passage.

Mes déguisements polychromes cachent tout de même un profond désarroi. Ça peut paraître superficiel, mais je n'ai plus aucune inspiration quand vient le temps de prendre des photos. La perte de créativité comme baromètre du stress? J'en ai bien peur. Pourtant, je regarde toujours autant autour de moi, mais aucune image originale ne me vient en tête.

Pour justifier cette sécheresse photographique, j'accuse la presse et les médias sociaux, dont les fils d'actualités croulent sous les images de paysages urbains complètement déserts, des perspectives tout en profondeur sans âme qui vive… Oui,

oui, oui. Apocalyptique à souhait, on se croirait dans un film. J'ai compris. Et je ne vois pas ce que ma petite GoPro et moi pourrions ajouter à cette collection.

À moins que…

Alors que je cours une nouvelle fois en plein milieu de la rue, toujours pour éviter la congestion qui sévit désormais dans les espaces réservés aux piétons, je me rends compte que mes pieds suivent la ligne médiane sans que je craigne de me faire renverser. C'est bien simple, il me suffit d'ouvrir les oreilles pour m'en assurer : pas un moteur ne fait vibrer l'atmosphère, pas une moto, pas une voiture ; même en l'air, les avions ne passent plus. D'ailleurs, est-ce qu'on remarque qu'une ville, vue du ciel, est déserte ?

Ah ! Voilà ! Il se trouve que j'ai dans ma panoplie de gadgets un drone de poche, presque un jouet. Je l'ai acheté il y a quelques mois pour diversifier mes prises de vue. Et j'ai appris à la dure qu'un appareil volant est une entité capricieuse. J'en ai noyé un dans le fleuve quelques jours après l'avoir reçu, soufflé par une rafale. Son remplaçant a eu plus de chance, même si j'ai failli le perdre cet hiver. Plastique blanc sur fond de ciel blanc ; c'est grâce à son cri de moustique géant que je l'ai retrouvé, *in extremis,* juste avant qu'il ne s'enfonce dans la neige.

Bref, aujourd'hui, mon plan est moins risqué : pas de neige, ni de vent, ni de pluie, juste un matin ensoleillé. Et pour que mon idée fonctionne, j'ai besoin de ce soleil rasant qui projette des ombres interminables. Près de chez moi se trouve l'endroit parfait pour illustrer l'absence de circulation. Une simple rue vide ne suffit pas, il me faut absolument une intersection pour la symétrie et le jeu des ombres. Pas trop d'arbres pour épargner les hélices de mon drone. Pas trop large pour que ma silhouette soit visible d'en haut.

Partis au lever du soleil, Anne et moi courons un peu en attendant que la lumière soit belle. Je déplie les bras du petit drone, oriente la caméra à la verticale et le fais décoller vers le zénith. Je vérifie le cadrage sur l'écran de mon téléphone : plein centre, de belles diagonales, on m'aperçoit quand je passe. C'est parti ! Comme d'habitude, je réalise plusieurs passages pour être sûr d'avoir le choix pour la photo finale. Quelques jours entre la naissance de l'idée et sa réalisation, quelques minutes sur place. C'est terminé. Je récupère ma petite bête, que je range dans mon sac, et nous continuons notre sortie.

Au retour, je peux enfin télécharger les images. Quatorze clichés sont sans intérêt, un seul est satisfaisant : je suis en plein centre du quadrilatère, ma foulée est bien ample, l'ombre souligne le mouvement, on dirait que je flotte à deux mètres au-dessus du sol. Impeccable. Ce sera mon seul témoignage photographique réussi de cette apocalypse zombie.

En plus de me forcer à courir nulle part et d'anesthésier ma créativité, la pandémie risque de me priver du marathon de Longueuil, celui qui passe devant ma porte. Bah, un marathon officiel de plus ou de moins avant le Triple Crown, ça ne changera rien. L'essentiel, c'est que les frontières rouvrent d'ici là. C'est dans plus de quatre mois, je suis tranquille.

***

LA FOIS OÙ... j'ai couru trop peu de temps après ma vasectomie. C'était mal.

27 MAI 2020 —

MOAB 240 *IN SE7EN DAYS*

Le soleil de la veille n'a pas fini son œuvre que celui d'aujourd'hui se prépare. La canicule d'hier a brûlé le fleuve qui transpire dans son lit alors qu'il s'éveille, s'étirant paresseusement. La brume qu'il laisse échapper est silencieuse, mais il y a les hérons qui grincent en rasant les flots lisses. La poussière s'élève des routes sèches, chargeant l'air de particules ocre qui piquent les yeux. La face rouge de l'astre du jour embrase brume et poussière. Mes pieds noircis par les sentiers urbains martèlent la ville, déserte grâce à une conjonction de directives gouvernementales et d'une nuit à peine achevée.

Cinquième jour d'une série de sept, pendant lequel mon sommeil est sacrifié au démon de l'ultra-endurance. Malgré le virus, le Triple Crown of 200s est toujours au calendrier. Trois courses de 200 miles chacune, trois mensonges. Les deux premières ajoutent quelques miles au nombre rond annoncé, la troisième ne fait même pas semblant et compte 40 miles de plus. Pour vérifier ma préparation des derniers mois, je me suis dit que ce serait une bonne idée de couvrir la distance du Moab 240 Endurance Run, mais pas en une seule fois. Sur sept jours, pour rendre ça facile.

Alors me voilà arpentant le Grand Montréal à coups de 26 à 28 km vers l'est, le nord, l'ouest ou le sud, pour rebrousser chemin et arriver juste à temps (enfin, pas toujours) pour mes réunions, puis la douche, puis un bol de café pour y tremper de multiples tranches de pain maison. Les départs sont nocturnes, les aubes spectaculaires, les vues télescopiques. Au début, j'admirais le centre-ville de loin, très loin, les immeubles ayant

l'air de jouets à côté du Saint-Laurent infranchissable. Le stade olympique et sa tour oblique n'avaient aucune chance contre le mont Royal en toile de fond. Aux voitures immobiles se substituaient les cris des oiseaux et de leurs poussins déjà grisonnants. Sans oublier la mystérieuse baleine égarée dans les eaux de la métropole, à quelques encâblures de mes foulées. Décidément, la nature est plus belle quand les hommes dorment.

Pour m'accompagner dans ce périple inutile, j'ai demandé à Vincent. Il allait me servir d'étalon. Pas l'animal, mais la référence. Nous courons souvent ensemble, il enchaîne les marathons en moins de trois heures sans entraînement et court avec des chaussures trouées. Comparer les jours à venir à mes courses passées n'avait pas beaucoup d'intérêt, car je n'avais jamais essayé de faire un ultra au quotidien. Par contre, en utilisant un autre humain, je pensais bien pouvoir vérifier où mon corps se trouve dans sa route vers le Triple Crown.

Alors, nous avons couru, dès samedi matin, le mont Saint-Bruno ; couru encore dimanche, le fort de Chambly ; couru, toujours, lundi, vers Sainte-Catherine par la digue du fleuve et couru mardi dans l'autre direction pour voir les gratte-ciel à partir de Varennes. Là, j'ai eu ma réponse. Vincent a explosé en vol et a marché, marché, marché. Le mercredi matin, alors que la canicule incendiait les terres et les eaux, Vincent m'a rejoint pour un famélique deux kilomètres, avant de rendre les armes. Il aura tout de même tenu près de 225 bornes en 4 jours. Mais il m'en restait 166 pour conclure l'expérience.

Mercredi, donc, c'est seul que j'ai touché l'eau du lac Saint-Louis, en face de notre destination de lundi ; jeudi, je me suis rafraîchi à Pointe-aux-Trembles, sur la rive que nous apercevions de Varennes. Et ce matin, j'ai traversé le Plateau pour voir la rivière des Prairies et suis revenu au bercail en franchissant le mont Royal, autour duquel je tournais depuis des jours.

Presque 389 km à tracer des lignes avec mes pieds, 36 heures à arpenter la région sans jamais ralentir, sans jamais vraiment faiblir, à ma très grande surprise. En effet, quatre semaines plus tôt, j'avais fait la même expérience avec le Bigfoot, seulement 330 km, mais que j'avais découpé en 16 sorties plutôt que 7. Et ça s'était terminé péniblement, et lentement. Pas cette fois-ci. Je n'ai pas d'explication, mais je pense que je suis prêt à me mesurer au Triple Crown. Départ le 7 août.

***

22 JUIN 2020 — **LETTRE À CANDICE** ET KRYSTAL

Si Anne regarde par-dessus mon épaule et lit un peu trop rapidement le courriel que je suis en train de composer, elle pourrait croire que j'écris à deux stars du porno :

« *Hi Candice & Krystal* »

Mais elle regarde ailleurs. Vers le lac Tremblant, en contrebas, alors que le soleil de cette deuxième journée d'été descend lentement derrière les crêtes des montagnes, au loin. Les mesures de confinement viennent de s'alléger un peu et nous pouvons maintenant voyager d'une région à l'autre. Même les restaurants viennent de rouvrir. Liberté (surveillée) !

Anne se tourne vers moi. Je comprends qu'elle veut me parler, alors je quitte mon écran des yeux.

— Je suis jalouse, un peu.

Je fronce les sourcils. Perdu dans mes pensées et concentré sur la rédaction de mon message, je ne sais vraiment pas dans quelle direction cette discussion va partir. Depuis plus d'un an que nous sommes ensemble, tout se passe merveilleusement bien. Y a pas à dire, être un couple de coureurs tue bien des problèmes potentiels dans l'œuf. Alors, quoi ?

— Hum ?

Dépourvu du moindre indice, mon esprit s'emballe.

Voyons, ce n'est certainement pas l'endroit où nous nous trouvons qui est en cause. Nous sommes installés sur le balcon de notre appartement de location, bière à portée de main pour nous remettre du sport de la journée. La vue panoramique nous permet de contempler nos sentiers de course au-dessus et le lac dans lequel nous nageons en bas. Pour nous changer les idées, nous avons profité de cette longue fin de semaine pour

aller nous frotter aux cailloux et racines. Probablement une bonne idée avant de me lancer sur les pentes des volcans de l'État de Washington.

— Peut-être pas jalouse, mais envieuse, en fait.

O.K... Depuis son initiation au trail l'an dernier, puis son premier ultra réussi haut la main, Anne s'est beaucoup améliorée et a gagné en assurance sur les sentiers plus techniques. Mais il est vrai que je dois me retenir quand nous courons en montagne, pour ne pas la distancer, principalement dans les descentes difficiles. Je l'ai de nouveau constaté dans les derniers jours, alors que nous revenions du sommet : mon expérience fait toute la différence. Envieuse de... ça ? Elle est compétitive dans l'âme, alors peut-être.

Et les compétitions amicales, ça, nous connaissons. À nos débuts, alors que j'étais encore embourbé dans mes réflexes défensifs de ma vie d'antan, à me retenir de courir, j'avais du mal à égaler son volume hebdomadaire. Nous nous étions même lancé le défi d'accumuler 160 km en une semaine et, pour une rare fois, j'avais gagné la partie.

— Hum ?

On parle de Candice, peut-être ? Non, pas possible, Anne connaît Candice autant que moi. C'est-à-dire pas du tout, à moins que de suivre une personne hyperactive sur Instagram soit une fenêtre fiable sur la vie de celle-ci. Bref, Candice Burt, c'est l'organisatrice de cette épreuve qui guide le moindre de mes pas depuis octobre dernier : The Triple Crown of 200s.

Candice, en tout cas, malgré son frêle physique de liane, ne fait pas dans la dentelle quand vient le temps, pour les

compétiteurs, d'affronter les épreuves qu'elle a créées. Et pour être bien certaine que le message passe, le rituel du départ inclut cette déclaration que tous doivent répéter après elle :

« *If I get lost, hurt or die, it is my own damn fault.* »

Krystal alors ? C'est sûr que si elle a aperçu ce prénom sur mon écran, elle n'aura aucune idée de qui il s'agit. Moi non plus, d'ailleurs, je viens d'apprendre l'existence de la collaboratrice de Candice.

Le titre de mon message est mon alibi : *Border crossing from Canada*

Et si je leur écris, c'est que l'incertitude me tue. Depuis que les écoles ont fermé, les dominos ne cessent de tomber. Une conférence annulée, puis une deuxième, mon expo photo repoussée d'un an, le marathon de Longueuil qui saute, puis, pour résumer, tout le reste. Mais le Bigfoot résiste à l'envahisseur. Il faut avouer que quelques dizaines de coureurs répartis sur plus de 300 km de sentiers sauvages, ça ne ressemble pas exactement à un foyer d'éclosion de COVID-19 en puissance. Alors, passera, passera pas ?

En plus de mon S.O.S. à Candice et Krystal, j'épluche les décrets gouvernementaux pour y découvrir une faille, un indice, n'importe quel détail qui me permettrait de confirmer si OUI ou NON je peux franchir la frontière entre le Canada et les États-Unis. Mais aussi pour savoir si je vais devoir m'imposer quatorze jours de quarantaine à l'arrivée, puis quatorze jours de plus au retour. Comme les trois épreuves sont espacées de cinq semaines chacune, je vous laisse imaginer le calendrier.

— Envieuse, je ne devrais pas. Découragée, alors ? Je ne sais pas.

Le suspense est insoutenable. À moins que…

Aaaaahhh ! Ça me revient, je crois. C'est à cause du vélo.

Ça a commencé au mois de mars, avec le confinement. Après ma perplexité au début de cette période absurde, j'ai rapidement redécouvert les joies d'explorer mon environnement immédiat, de repasser par des lieux que je n'avais pas vus depuis une dizaine d'années. Puis je suis allé plus loin. Puis au-delà. J'ai accumulé des kilomètres comme jamais auparavant. Plus de 6500 dans les 12 derniers mois. Sans aucune conséquence néfaste, bien que j'aie mis de côté toute prudence. Je n'en reviens tout simplement pas.

Anne n'a pas eu cette chance, malheureusement. À la fin de l'hiver, elle s'est légèrement blessée en courant sur le sol gelé, irrégulier. Juste un petit mouvement excessif du pied. Et une douleur qui s'est installée pour des mois. Dire qu'à peine quelque temps auparavant elle franchissait des centaines de kilomètres par mois et soudain, crac, elle s'est retrouvée stoppée net dans son élan, tandis que moi, je m'envolais vers de nouveaux sommets.

Une nouvelle dynamique de couple m'est alors apparue, totalement inédite : quand deux coureurs vivent ensemble et que l'une est privée de son sport, une certaine tension s'installe ! Et pour dissiper cette tension, Anne s'est vengée par le vélo. Des heures et des heures de vélo stationnaire à suer, dans

l'espoir de recréer la même fatigue si satisfaisante qui fait suite à l'effort. Mais le vélo n'est pas la course.

— T'en as marre du vélo?

— Ouiiiiii! Je n'en peux plus, je veux courir sans douleur.

Ça me rappelle Pat, quasiment mot pour mot. Lui aussi fait du vélo pour compenser le manque de course. Et d'ailleurs, je l'ai croisé récemment, au cours d'une de mes exponentielles sorties, lui à vélo, moi en plein sprint final vers la maison. Lui m'a reconnu bien avant que je ne le reconnaisse, car, pour les coureurs, c'est bien connu, tous les cyclistes se ressemblent.

— Hé, Joan! Wouah, t'as l'air en pleine forme. Tu vas être redoutable au Triple Crown.

— Hé, hé, merci. Mais toi, si tu es à vélo, c'est que le tendon fait encore mal?

— Ouais, toujours la même chose. J'ai hâte de pouvoir recourir comme ça. J'arrive à peine à faire 10 km.

— Patience, ça va revenir.

Pas facile de remonter le moral à un coureur, même si je commence à avoir de l'expérience à la maison avec ça. Mais le lendemain, surprise, je reçois un texto de Pat:

En passant, quand je t'ai vu hier, tu m'as requinqué le moral! Tu as l'air dans ta meilleure forme *ever* et ça m'a juste donné le goût de m'y remettre. Bon, faut que je gère mes tendons, mais j'ai un gros *foam roller* pour ça et je vais faire comme David Goggins et m'étirer. Finies les *fucking* excuses!

Un retour d'ascenseur inattendu, puisque c'est grâce à lui que je me suis inscrit à un 100-Mile, le premier que j'ai terminé, en 2013. C'est encore grâce à lui que j'ai eu envie de participer à l'Ultra-Trail du Mont-Blanc (UTMB) en 2015. C'est toujours grâce à lui que j'ai découvert le Triple Crown, qui aura été la dernière pièce du casse-tête pour mon retour aux sources, à l'envie de courir. Et là, c'est à mon tour de lui remonter le moral. Oh, pas par des belles paroles, mais par quelques pas de course.

— J'ai quand même l'impression que ça ne me fait plus mal du tout dans les descentes. C'est bon signe, non?

Anne aussi commence à y croire.

— Patience, ça va revenir.

Sans elle dans ma vie, je n'en serais certainement pas là, prêt à franchir plus de 1000 km au Far West. Sans elle à mes côtés, je n'aurais pas eu le cran d'avaler tous ces kilomètres préparatoires sans ressentir cette culpabilité qui teintait auparavant chacune de mes sorties. Grâce à elle, j'ai enfin accepté d'être défini par un seul mot, que ça me plaise ou non, que ça plaise aux autres ou non. Coureur.

***

LA FOIS OÙ... mon drone s'est noyé dans le fleuve. Je suis un bon coureur, pas un bon pilote.

Partie 2

À LA DÉRIVE

3 JANVIER 2019 —
ATHÉNA

— Anne ?

Question purement rhétorique, puisqu'aucune autre coureuse blonde n'est attablée dans la salle. Et même si elle n'était pas habillée de la sorte, je l'aurais reconnue sans peine.

J'adore ce café-boulangerie. Oh, le décor n'est pas sidérant, mais pour un espace commercial à première vue anonyme, il n'en est pas moins chaleureux. Petites tables rondes pour deux personnes en faux marbre, pieds en métal qui gagneraient à être un peu moins lisses et un peu plus forgés, larges baies qui nous inondent de lumière peu importe où l'on s'installe. Au fond, dans des vitrines ou sur des étagères, les spécialités de la maison s'exhibent : pains dodus, croissants ventrus, gâteaux complexes et autres promesses d'excès. Ce ne sont pas tout à fait les meilleures du quartier, mais ici, on peut s'asseoir en salle, contrairement au champion local des viennoiseries.

Dans l'aube pâle et fraîche de ce début d'année, j'y cours. J'ai démissionné de mon emploi et, aujourd'hui, c'est mon avant-dernière journée. En gros, je dois faire acte de présence. Donc, si j'arrive une heure ou deux en retard parce que je m'attarde autour d'une chocolatine et d'un bol de moka, personne ne s'en souciera.

Mais je n'y serai pas seul, j'ai rendez-vous avec une journaliste. Une certaine Anne Genest. Elle m'a écrit il y a quelques semaines pour en savoir plus sur mes photos. Enfin ! On s'intéresse à mes images et non à mes courses. C'est important pour moi. J'ai recommencé à courir en secret il y a presque deux ans, sans objectif et sans motivation. Et c'est la photo qui m'a permis de retrouver le goût d'être dehors, certainement

pas l'idée de finir mon ultra numéro 19, ou 20, ou je ne sais plus. Alors, qu'elle veuille me parler d'images plutôt que de kilométrage a été le déclencheur.

Mais, pour être tout à fait honnête avec moi-même, pas le seul. Avant d'accepter, j'ai creusé un peu son profil, consultant ce que voulaient bien me livrer les réseaux sociaux. Elle. Coureuse. Athlète. Autrice. Romancière. Photographe. Photogénique. Magnifique.

Non, non, non, j'ai dit oui pour les photos, c'est tout. Ça me fera du bien d'en parler. Voyez-vous, à la maison, mes activités photo-pédestres n'intéressent plus. Et ne pas pouvoir m'extasier sur les merveilles que je vois matin et soir avec celle qui partage ma vie mine mon moral. Sérieusement.

J'ai donc accepté l'invitation. Depuis ce moment, j'étais dans une expectative teintée d'impatience ; c'est curieux tout de même.

— Salut Joan. Enchantée. Un grand merci de prendre le temps de répondre à mes questions.

Ce matin, j'ai décidé à la dernière minute de ne pas retenir mes cheveux. Ma coiffure de clown est terriblement efficace pour attirer l'attention. Pure vanité, comme de pratiquer ma course hivernale vêtu d'un simple coupe-vent, alors que la température chute. Mon petit côté théâtral.

— De rien, ça fait vraiment plaisir de te rencontrer. Et merci de vouloir parler de mes photos. Enfin !

— Pourquoi ?

— Ben, ce sont les photos qui me motivent à sortir. Pas la course toute seule, même si j'adore courir, évidemment.

— Comment ça, qu'est-ce que tu veux dire exactement ?

— Oh, c'est que si je me donnais le choix certains matins, je n'irais pas. Mais comme je sais par expérience que les pires conditions météo font les plus belles photos, j'y vais quand même. À chaque fois, j'ai l'espoir d'être surpris par les images qui vont se créer devant moi. C'est fou d'ailleurs, car j'ai cru à un moment ne plus avoir de photos à prendre, avoir tout vu. Jusqu'à ce que je change de style en tentant de me photographier dans le paysage qui m'entoure. Le coureur dans son environnement naturel, si tu veux. Ça a tout changé.

— Donc, ce ne sont que des autoportraits, il n'y a jamais personne pour te prendre en photo ?

— Jamais, non.

Sa question me rappelle un détail amusant. Elle remarque mon expression et me sourit agréablement en retour, mettant en valeur sa crinière de manière spectaculaire : son rouge à lèvres dessinant des lèvres gourmandes.

— Pourquoi ça te fait sourire ?

Oh, il y a aussi sa voix de velours et ses yeux rieurs quand elle me questionne. Je garde mon trouble en veilleuse, avec la ferme intention de l'éteindre dès la fin de notre rencontre. Camouflant mes pensées litigieuses, je m'explique :

— C'est drôle, mais c'est un des commentaires les plus fréquents que je reçois sous mes images : « Mais QUI a pris la photo ? » Comme si j'avais mon propre photographe qui me suit systématiquement pendant que je me rends au boulot. Mais non, je suis tout seul, en effet.

— Mais comment fais-tu pour te prendre en photo tout seul ?

— Hé, hé, intrigant, hein ! C'est assez simple, en fait. J'utilise une application sur mon téléphone pour ma GoPro. D'ailleurs, c'est pour ça qu'on voit toujours mon téléphone dans mes mains. Je ne suis pas sur Facebook quand je cours, c'est ma télécommande ! Et c'est justement ça qui m'occupe l'esprit quand je cours, le défi technique de savoir où placer l'appareil, de faire plein d'essais, d'y penser pendant des jours parfois. De repérer les endroits où je peux accrocher la GoPro la tête en bas dans les grilles du pont, de la plonger dans l'eau glacée du fleuve ou même de la lancer en l'air accrochée à un parachute de fortune. Ça me permet d'oublier qu'il fait froid, que je cours et que, ultimement, je fais ça pour arriver au bureau.

— Mais il te faut combien de temps pour prendre tes photos ? Tu n'as pas peur d'arriver en retard au travail ?

— J'ai plus peur des engelures quand je m'arrête quelques minutes de bouger en plein milieu du fleuve ! Alors je fais vite, 5 à 10 minutes pour la photo elle-même. Avec l'application, je vérifie rapidement le cadrage et si je suis à l'image. Ensuite, je prends plusieurs rafales de 30 photos. Je ne conserve que la meilleure de 150 à 200 clichés. Je le passe dans Instagram une fois arrivé au chaud, au travail. Encore 5 à 10 minutes. Sauf quand je fais des trucages, parfois.

— Eh bien, j'adore tes photos, elles sont magnifiques. As-tu déjà pensé à en faire une expo ?

Cette fois, à cette question, ce n'est pas un souvenir heureux qui me traverse l'esprit. Plutôt l'impression d'une occasion ratée, d'un projet que je caresse depuis des années qui est resté lettre morte. Mais ce n'est pas le sujet de notre conversation. La serveuse arrive alors avec un bol de moka fumant pour moi, un latte pour Anne et une assiette pour mes viennoiseries. Normalement, je ne mange pas avant de courir au travail, mais je ne peux pas résister aux viennoiseries, c'est aussi bête que ça. Je profite de cette diversion pour masquer mes états d'âme et formuler ma réponse.

— Oh oui ! J'y pense depuis des années, sauf que je ne sais même pas par où commencer. Je n'y connais rien en plus. Un jour, probablement, je prendrai le temps de me renseigner.

Ma réponse est partiellement convaincante, car il y manque quelques détails enfouis dans ma vie personnelle récente.

— En attendant, j'ai déjà le titre de l'expo. Tu connais Haruki Murakami ?

Alors que je prononce ce nom, Anne change visiblement d'état. Un sourire éclatant, des yeux agréablement surpris, une exclamation d'évidence.

— Mais oui, bien sûr, c'est un de mes auteurs préférés ! Tu as lu *1Q84* ?

— Bien sûr ! Complètement fou comme roman, même si je n'ai pas tout compris. Mais c'est le titre en français de son essai sur la course à pied, *Autoportrait de l'auteur en coureur de fond,* que je vais voler pour mon expo. Mais avec « Autoportraits » au pluriel.

— J'adore ! Oui, j'ai lu ce livre aussi, plusieurs fois depuis que j'ai commencé à courir. Et c'est d'ailleurs par tes photos, puis ton livre, que j'ai appris ton existence il y a quelques mois. Mais, si j'ai bien compris, tu as arrêté de courir pendant un moment, non ?

Sujet délicat, que j'ai eu beaucoup de mal à accepter et encore plus à expliquer. À m'expliquer. Je prends le temps de changer de posture sur ma chaise. Je me redresse, me recule un peu pour me donner la chance de répondre convenablement.

— Oui, oui, c'est vrai, mais pour que tu comprennes comment j'en suis arrivé là, il faut que je te raconte un peu ce qui s'est passé dans les mois qui ont entouré la publication de mon bouquin. Comme mon week-end à Hong Kong…

* * *

22 JANVIER 2016 –

HONG KONG 100

Mais que font tous ces gens ici, en pleine nuit et en plein vent, en haut de cette montagne?

En cette journée anormalement glaciale, le sommet du Tai Mo Shan est pris d'assaut. Des dizaines de tentes sont plantées le long du parcours du Hong Kong 100 et résistent très mal aux rafales, qui arrachent les toiles mal arrimées. Des centaines de voitures bloquent la route que nous devons emprunter pour parcourir les cinq derniers kilomètres de cette première étape de l'Ultra-Trail World Tour 2016.

Mon corps est transpercé par le froid humide qui s'est abattu sur cette montagne d'une altitude de près de 1000 m, le point culminant de l'archipel. Après 95 km de course et l'esprit aussi gelé que mes doigts, je ne comprends pas pourquoi les Hongkongais, peu habitués au froid, envahissent l'endroit que je cherche à fuir malgré mon entraînement hivernal québécois.

Quatre semaines plus tôt, je fêtais Noël en finalisant l'achat de mes billets d'avion. Un voyage un peu fou organisé sur un coup de tête: départ jeudi à l'aube de Montréal, courte escale à Toronto, suivie de près de 16 heures de vol jusqu'à Hong Kong. Je ne savais même pas qu'un avion de ligne pouvait voler aussi longtemps sans arrêt. Entre l'atterrissage vendredi après-midi et le départ de mon premier ultramarathon de la saison, le samedi 23 janvier au matin, il me faudrait absorber un décalage horaire de 13 heures en une seule et très courte nuit. Mais c'était le prix à payer pour m'offrir la première compétition asiatique de ma carrière de coureur, insérée de justesse entre mes journées de travail.

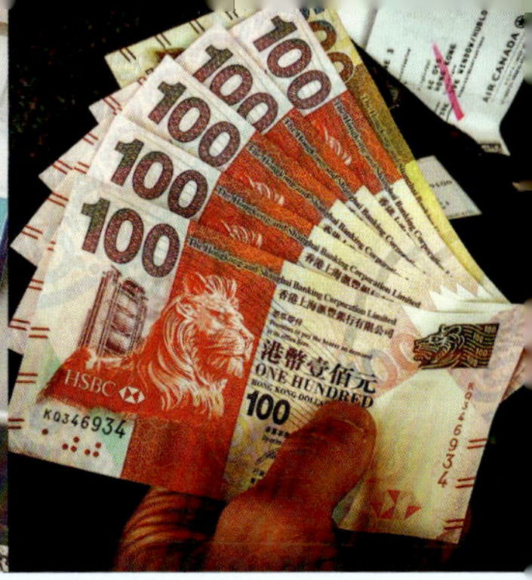

Malgré cet horaire ridiculement serré, je me disais qu'au moins j'allais pouvoir courir au chaud et m'accorder un répit dans l'hiver montréalais. Erreur.

J'ai chaud. Pendant quelques minutes au moins. Plutôt que de rire des avertissements de grand froid qu'envoient les organisateurs depuis 10 jours, je porte ce qu'il faut pour affronter la tempête exceptionnelle qui s'abat sur la ville. Sauf qu'à chaque détour du sentier le vent alterne de force 8 à calme plat. À l'abri, je suis trop couvert et j'ai chaud, mais je n'ai pas le temps d'ajuster mes vêtements que les bourrasques reprennent. Et là, paf, j'ai froid. Pas moyen d'être bien, pas une minute. Même les drones tombent du ciel, comme en témoignent les épaves aperçues plus tôt, écrasées sur le bord de la route après avoir été larguées par des opérateurs totalement inconscients. Sur une crête particulièrement exposée, ce sont les coureurs eux-mêmes qui luttent pour ne pas s'envoler.

Avancer dans ces conditions est pénible, mais la vue est belle : des îles désertes minuscules découpent l'océan par dizaines. Au pied de certaines de ces montagnes posées dans l'eau, invisible pour le moment, difficile de croire que sept millions de personnes s'entassent dans une ville excessivement verticale.

À ma grande surprise, je constate que le béton de la métropole étend ses tentacules jusque dans les moindres recoins : quasiment depuis le départ, cette course « en sentier » emprunte des escaliers ou des trottoirs coulés en pleine nature. Il semblerait que les racines et les cailloux soient trop périlleux pour les citadins… Pour moi qui suis habitué aux bains de boue des Laurentides, c'est un véritable choc culturel.

Un autre choc, visuel cette fois, vient des compétiteurs locaux : les couleurs et les motifs des cuissards que portent les *trailers* chinois, les hommes, sont plus psychédéliques que tout ce que j'ai pu voir sur les jambes des coureuses québécoises les plus extraverties. C'est particulièrement divertissant de suivre une paire de fesses masculines moulées de rouge fuchsia et ça fait oublier qu'en cette journée il fait probablement plus chaud à Montréal qu'à Hong Kong.

C'est bien ma veine d'être coincé entre deux records : fuir, l'espace de quelques jours, un des hivers québécois les plus doux de mémoire d'homme pour me retrouver en plein cœur de la journée la plus froide, depuis trois générations, de cette ancienne colonie britannique. Tellement froide qu'on annonce de la neige en altitude.

Ah ! je comprends enfin : voilà pourquoi tous ces gens se précipitent en haut du Tai Mo Shan en plein milieu de la nuit. Ils viennent voir la neige tomber ! Alors que je franchis le point le plus haut du parcours et que j'entame l'ultime descente vers la ligne d'arrivée, je manque de tomber en glissant sur une plaque de glace. Je me rattrape facilement, mettant à profit mes réflexes aiguisés par des kilomètres d'entraînement sur verglas. Quelques instants plus tard, des bénévoles nous informent que le parcours est légèrement modifié. Les voitures des météorologues du dimanche sont tellement nombreuses que les coureurs ne peuvent plus passer. L'ironie de cet ajustement de dernière minute de cette épreuve de l'Ultra-Trail World Tour est que le détour nous oblige à quitter la route pour emprunter… un sentier. Le choc culturel se prolonge.

Finalement, c'est à minuit six secondes que je franchis la ligne d'arrivée, manquant de peu un trophée en plastique doré décerné aux seuls coureurs ayant terminé le Hong Kong 100 en moins de 16 heures. Six secondes de trop. C'est le cadet de mes soucis, car je ne pense qu'à une chose : une douche brûlante. Il me faudra trois heures supplémentaires pour l'atteindre. Car voilà, l'embouteillage monstre bloque la navette qui doit descendre les coureurs jusqu'aux taxis. Quatre-vingt-dix minutes à trembler de froid, enveloppé dans ma couverture de survie comme une patate au four ; vingt minutes de minibus ; dénicher un taxi rouge pour me rendre à l'île de Lantau ; changer pour un taxi bleu jusqu'au village de Mui Wo ; conclure par vingt minutes de marche le long de la plage jusqu'à la maison de mes hôtes.

À trois heures du matin, les policiers se sont arrêtés pour regarder passer cet hurluberlu déguisé en papillote…

À peine lavé, réchauffé et restauré, je dois reprendre l'avion, traverser la ligne internationale de changement de date à rebours et rentrer à Montréal pour travailler. En arrivant au bureau, je guette la première occasion pour sortir la réplique que je prépare depuis quelques jours déjà :

« Si j'ai passé une bonne fin de semaine ? Oh oui, je suis allé courir 100 km à Hong Kong. Et toi ? »

Ma prochaine étape de l'Ultra-Trail World Tour : les montagnes Bleues, en Australie, au mois de mai.

* * *

LAN FONG YUEN

LA FOIS OÙ... c'était une belle journée pour mourir. Je me suis dit qu'il serait élégant de me laisser submerger par une vague de froid en plein milieu du fleuve Saint-Laurent gelé, entouré de lumière, de silence et de beauté.

14 MAI 2016 —

ULTRA-TRAIL AUSTRALIA

En étendant sur le sable blanc ma serviette de plage estampillée Ultra-Trail Australia, je réalisais un objectif vieux de 20 ans : mettre les pieds aux antipodes. À quelques dizaines de mètres de moi, des surfeurs flottent, attendant patiemment le prochain rouleau. Au-dessus, les énormes silhouettes des cacatoès funèbres se découpent sur un ciel bleu pur. En arrière, la ville de Sydney, superbe, déploie ses falaises sur la mer de Tasman.

La veille au soir, encore hébergé à Katoomba, à 100 km de là, je paniquais en voyant la conductrice accélérer sans quitter des yeux son téléphone. Après une éternelle seconde, je me traitais intérieurement d'idiot : ici, tout est à l'envers et le volant est à droite... Quelques jours seulement après notre arrivée, difficile de s'y faire. Et ça ne s'arrange pas avec la fatigue d'une course de 100 km.

Par contre, pour la passagère et son conducteur, des Britanniques installés à Sydney, rouler à gauche est tout à fait naturel. Ils venaient de nous embarquer, ma femme et moi, pour nous aider à franchir les quelques kilomètres séparant la ligne d'arrivée de notre hôtel. Peu de temps avant, je concluais ma deuxième étape de l'Ultra-Trail World Tour, cette compétition internationale de course en sentier de longue distance, et je n'avais plus du tout envie de marcher.

En effet, peu de temps avant de tomber sur nos deux Samaritains et tout juste quelques minutes après avoir arrêté ma montre pour sceller 14 h 21 min 47 s d'effort, j'étais plié en deux, pris de sérieuses nausées. Les centaines de marches d'escalier menant à l'arche finale m'avaient démoli. La course se termine là où elle a commencé : en haut, dans le

complexe Scenic World, qui abrite le téléphérique permettant aux masses touristiques de contempler la vallée qui s'étend quelques centaines de mètres plus bas. Pour les coureurs, pas d'aide mécanique, évidemment, les jambes doivent tout faire.

Ces ultimes marches, je les attendais depuis un bon moment, guettant leur apparition dans la nuit percée par le faisceau de ma lampe frontale. Malgré la douleur qu'elles allaient m'infliger, elles indiquaient la fin d'une très longue balade dans le parc national des montagnes Bleues, un site naturel qui figure sur la liste du patrimoine mondial de l'UNESCO.

Depuis l'aube, j'explorais, en compagnie de 1300 autres coureurs, les dédales d'une vaste forêt d'eucalyptus tapissant la vallée en contrebas, les cascades et les chutes d'eau de toutes tailles nourrissant des bassins d'eau pure, j'arpentais les sentiers agrippés aux falaises ou, plus loin, les routes de terre poussiéreuses serpentant entre les pâturages.

Ces derniers mois, j'avais traversé au pas de course bien des contrées exotiques et, la plupart du temps, les parcours de ces ultramarathons nous font franchir des dénivelés imposants. Mais ici, à l'ombre des Three Sisters et me frayant un chemin entre les touristes venus en bus admirer cette triple formation rocheuse, je commençais à comprendre le piège de cette course en montagne dont le dénivelé semble avoir été dessiné par les renards volants, ces chauves-souris géantes qui nichent la tête en bas : c'est grisant de commencer en haut des falaises et de dévaler les pentes avec des jambes fraîches… mais ce sera autrement plus pénible de se hisser lourdement vers la ligne d'arrivée pour mettre fin à cet exercice. Une chose est sûre, il sera impossible de finir au sprint.

En attendant de sentir mes jambes faiblir de l'assaut de ces pentes artificielles, mes yeux s'abreuvent du paysage majestueux et mes oreilles, parfois, s'emplissent des sons du didgeridoo, joué en pleine nature par des musiciens sortis d'on ne sait où.

Par contre, je regrette presque de ne voir aucun animal. Presque, car, avant de poser le pied sur cette île-continent, j'avais cru comprendre qu'en Australie tout ce qui est vivant est potentiellement mortel pour l'homme. Si j'ai vaguement côtoyé la mort en passant devant un cadavre de kangourou, c'est dans les premiers kilomètres que le bruit des feuilles mortes dérangées par un animal de taille respectable a failli me coûter cher. Nerveux, j'ai tourné la tête pour savoir quel monstre allait me tailler en pièces. Ce n'était qu'un oiseau-lyre, imposant, certes, mais inoffensif. Sauf qu'en regardant ailleurs alors que je courais à fond de train dans ce sentier étroit à flanc de montagne j'ai failli quitter la trace et me faire avaler par le sous-bois.

Cette distraction aurait pu me valoir une belle chute. Mais avant même le départ, j'avais commis un autre impair qui, lui, m'a coûté plusieurs dizaines de dollars. Voyez-vous, malgré mon expérience de coureur nordique, à l'occasion du contrôle du matériel obligatoire, je me suis retrouvé face à des bénévoles m'expliquant comment je devais m'équiper pour affronter le froid de l'automne australien... C'est le monde à l'envers! Ils ont été inflexibles, de sorte que j'ai dû remplacer les collants qui m'avaient permis de traverser les pires hivers québécois par une paire toute neuve en laine de mérinos. Soixante-dix dollars. *Thanks, mate*.

Mais c'est un faible prix à payer pour, finalement, vivre un rêve vieux de 20 ans. Ça et les billets d'avion, évidemment. Donc, l'Australie, enfin! Ce rêve avait pris forme lors de mes études en France, alors que je cherchais une destination lointaine pour une année d'échange universitaire. Mais avec seulement deux places pour toute l'école et mon rang de classement insuffisant pour que je prétende y avoir droit, j'étais cuit. J'ai opté pour le Québec à la place, sans me douter que j'allais en faire mon pays d'adoption.

Au cours de ces mêmes études, j'avais aussi commencé à courir un peu. Ah! la course à pied, pas très utile pour se rendre jusqu'en Australie, ça, c'est sûr…

***

3 JANVIER 2019 – CALYPSO

— Woah, tous ces voyages ! Ça devait être fou de partir à l'aventure comme ça, de prendre l'avion pendant des heures, de courir à des milliers de kilomètres, non ?

Comme souvent, je me rends compte que je parle, je parle, et que j'en oublie de manger. Je profite de cette question pour prendre une bouchée, une gorgée de moka devenu tiède. Dehors, la neige fine se confond avec le ciel. Le soleil est invisible, mais il inonde tout l'espace, s'immisçant dans les moindres recoins, rendant toute ombre presque impossible.

— Mouais… Honnêtement, je commençais à trouver que ça faisait beaucoup d'heures de vol pour ne courir au final que quelques kilomètres. Je me suis sérieusement demandé après l'Australie pourquoi j'avais couru plutôt que de juste faire le touriste avec ma femme.

— Est-ce qu'elle t'accompagnait ?

— Presque toujours, oui. Alpes, Réunion, Martinique, Australie. Il y a juste à Hong Kong que ç'a été impossible, avec l'horaire absurdement condensé que je m'étais fixé. Mais même si c'était exotique tout ça, elle subissait forcément les contraintes imposées par mes compétitions.

— Et c'est donc finalement pour elle que tu as arrêté de courir ?

Mon bol n'est pas vide, alors je m'en sers comme alibi pour retarder ma réponse. D'un mouvement ample des deux mains, je fais tourner le lait pour mélanger le reste de cacao, en dosant la force de façon à raser le bord du bol sans laisser échapper une seule goutte. Cette gymnastique me permet d'éviter quelques instants le regard bleu d'Anne.

— Oui. Non. Je ne sais pas. C'est sûr qu'elle a fait une écœurantite aiguë bien avant moi, et je la comprends. Mais j'étais tellement engagé dans des projets, des conférences, des salons, la promo du bouquin, que je ne pouvais pas, ne voulais pas ralentir. Tout ça nous a éloignés, bien logiquement. Mais sur ma lancée, bien avant d'exploser en vol, j'avais tout un plan en tête pour l'année suivante. Faire plusieurs des courses de l'Ultra-Trail World Tour, le Tor des Géants, en Italie, des ultras sur les cinq continents… Un deuxième livre, peut-être.

Je relève la tête. Encore, toujours, déterrer mes idées mortes me rend un peu mélancolique.

— Enfin, j'ai arrêté pour beaucoup de raisons, toutes vraies, certaines faciles à expliquer, d'autres très personnelles et dont je n'ai jamais parlé, car, bien franchement, je ne devais aucune explication à quiconque. Mais même la version officielle, véridique mais édulcorée, il m'a fallu des mois avant d'arriver à la formuler.

* * *

14 MAI 2016 —

PLUS JAMAIS ÇA

« Je termine cette course, mais après, c'est fini. Plus jamais ça. »

Tous les coureurs passent par là en plein milieu d'une épreuve. Pendant un ultra, on y passe même plusieurs fois. Moi, comme les autres, depuis maintenant plusieurs années. Mais cette fois, c'est différent. Je ne le sais pas encore, mais c'est vrai. C'est fini. J'arrête.

Pourtant, je suis en Australie, un pays que je rêvais de visiter depuis 20 bonnes années. En plus, je me suis fait payer mon billet d'avion grâce à mes commanditaires. Et pourtant, tandis que j'arpente les sentiers des montagnes Bleues, je m'imagine plutôt en train de déguster un *flat white* à la plage de Bondi.

C'est même plus grave que ça. L'automne australien vient de commencer et, à l'altitude à laquelle se déroule l'Ultra-Trail Australia, il fait un peu frais, c'est vrai, mais rien de comparable aux températures du Québec. Malgré tout, le minuscule frisson qui me parcourt le corps m'est particulièrement désagréable, car il me projette dans un avenir que je n'ai plus du tout envie de voir se réaliser.

Pendant une fraction de seconde, je me vois en train d'affronter les éléments dans les Alpes italiennes, dans ce fameux Tor des Géants auquel je m'étais mis en tête de participer, cette boucle de 330 km. Et là, soudain, je me rends compte que je n'ai aucune envie d'y aller. Je n'ai plus la force d'avoir froid. Ni chaud. Ni faim. Ni soif. Ni mal. Ni d'être fatigué. Ni de courir en pleine nuit à 3000 m. d'altitude.

Je sais que si je maintiens mon inscription, je cours à l'abandon. Alors, dans ma tête, à la suite de ce frisson, l'idée de déclarer forfait prend racine.

En y réfléchissant, je n'aurais probablement pas dû participer à ce 100 km en Australie non plus. Ni au Hong Kong 100 quelques mois auparavant. Sportivement parlant, c'était inutile. J'ai vu de superbes paysages, aperçu des cacatoès, entendu des singes hurler en pleine nuit, mais je n'ai strictement rien appris sur moi-même. J'ai franchi chaque centaine de kilomètres de manière mécanique, parfaitement conscient de mes forces et de mes faiblesses, mais sans émotion ni surprise.

Même mes courses quotidiennes étaient devenues redondantes. Là où le paysage sans cesse renouvelé par la météo fantasque du Québec me procurait un matériel photographique que je pensais inépuisable, je ne trouvais que du déjà-vu. Ce coucher de soleil ? Cette lumière rasante sur la neige ? Ces nuages menaçants écrasant le pont Jacques-Cartier ? Bof, bof et rebof. Déjà immortalisés et publiés sur Instagram. Je continuais à courir matin et soir, car j'y étais habitué, tout simplement. Mais tant les jambes que la tête ne montraient plus d'enthousiasme.

Bien avant ça, j'avais de grandes attentes envers la Diagonale des Fous de l'île de La Réunion. Tout y était ! Une île volcanique tropicale, un relief excessif, un peuple qui vibre à l'unisson pour ce Grand Raid. Et pourtant, après presque deux jours de course, je suis arrivé à Saint-Denis de La Réunion content d'avoir fini, sans plus. Cette fois-ci déjà, malgré tous les superlatifs déployés par ce parcours mythique, je n'avais rien appris de nouveau sur moi-même.

Courir de Québec à Montréal, 250 km, avait de quoi faire frémir n'importe quel coureur. Je me souviens surtout du détachement avec lequel j'ai préparé mon matériel, en quelques minutes, avant de prendre un aller simple en train pour Québec. Je savais que ce serait long et pénible. Mais je n'éprouvais ni peur ni fébrilité.

Ces sensations, peur et fébrilité, je me souviens très bien à quel départ de course je les ai ressenties intensément pour la dernière fois : c'était à Chamonix, quelques minutes avant que le signal de départ de l'Ultra-Trail du Mont-Blanc ne soit donné. Là, je n'avais aucune idée de ce qui m'attendait, aucune certitude quant aux obstacles naturels qui se dresseraient sur mon chemin ni sur ma capacité à franchir la distance, le dénivelé ou les cols en altitude. Une impression très nette de me lancer dans l'inconnu. Peur et fébrilité.

C'était plus d'un an auparavant. Et aucun des quatre ultras qui ont suivi ne m'a transporté, ne m'a transformé comme mon arrivée à Chamonix, 33 heures après ce saut dans le vide alpin.

Finalement, tous les signes avant-coureurs étaient là bien avant ce frisson australien. J'ai tout simplement le sentiment d'avoir fait le tour de ce sport. L'envie s'est dissipée. L'entraînement, les voyages, les dépenses, le temps, c'est devenu cher payé pour un loisir qui, malgré sa démesure, ne m'enseigne plus assez.

« Je termine cette course, mais après, c'est fini. Plus jamais ça. »

* * *

LA FOIS OÙ… je suis parti courir 5 km en sandales par moins 15 °C. Mes orteils ont retrouvé leur sensibilité avant l'été.

3 JANVIER 2019 —

POLYPHÈME

— Dans tous les cas, je ne voulais ni susciter la pitié ni donner l'impression que j'étais en colère contre quoi que ce soit. Après tout, ce n'est qu'un loisir. Envahissant, mais juste un loisir.

Nos bols sont vides. Je m'adonne sans complexe à ma manie de ramasser les miettes de pâte feuilletée avec le bout des doigts, laissant l'assiette blanche immaculée. Anne me regarde, toujours attentive malgré mes monologues interminables. Sauf que là, je viens de me taire. Elle me sourit. Elle sait qu'il y a bien plus à raconter que ce trop-plein de longues distances, mais elle ne pose pas de question. Elle attend.

— Je n'ai pas parlé de nos problèmes avec le fisc à cause d'une grossière erreur de notre comptable. Hyperstressant et tangentiel comme truc, mais la course n'existe pas dans le vide. Les problèmes du quotidien ont un impact sur la motivation. Pas très sexy comme aventure à raconter sur Facebook, disons. Alors, je n'ai pas détaillé cet épisode. Et je n'ai pas parlé non plus du choix crucial que j'ai dû faire : courir ou sauver mon couple, ma famille.

— Oui, je m'en doutais.

— Oui, ben, c'est ça, sauf que je n'ai pas juste poursuivi mon comptable et arrêté de courir. J'ai lâché tous mes commanditaires, je me suis coupé les cheveux, j'ai changé de boulot, et on a même déménagé. Une grande remise à zéro.

— Ah oui, quand même…

— Mais surtout, j'ai essayé d'effacer la course de ma vie. J'ai annulé mes conférences, annulé mes courses, quitté les réseaux sociaux, cessé de communiquer, de répondre aux messages. J'ai vraiment, vraiment, vraiment, essayé, mais…

— Mais… là, pourtant, tu es venu ici en courant. Et juste après, tu vas au travail en courant.

— Ouais. Je n'ai pas réussi à ne pas courir.

Nous sommes interrompus par le retour de la serveuse, qui nous demande si nous prenons autre chose. Anne ne travaille pas cette journée-là et moi, plus vraiment, alors, d'un commun accord, nous décidons de prolonger cette entrevue. Je ne sais pas pour elle, mais je ne suis aucunement pressé de quitter cette table. Privé d'un fond de café à faire tourbillonner dans mon bol ou de miettes de croissant à picorer, mon regard se perd sur celle qui occupe la chaise en face de moi. Elle.

— Tu t'es arrêté combien de temps?

Alors que les soucoupes s'envolent, portées par les mains expertes de la serveuse, je tente de canaliser mes pensées en dérive et de reprendre le fil de la discussion. En tout cas, je ne crois pas que mon trouble ait été apparent. Et s'il l'avait été, qu'est-ce que ça change? Tout, peut-être.

— Oh, ç'a duré 10 mois. Pendant 10 mois, j'ai fait du vélo, puis, l'hiver, j'ai pris le métro. Puisque j'étais assis à ne rien faire, j'en ai profité pour résoudre des grilles de Sudoku et faire des mots croisés. Et renouer avec les classiques de science-fiction qui avaient teinté mon adolescence. J'ai relu toute la série *Fondation* d'Asimov, les quatre tomes du *Cycle de Tschaï* de Jack Vance, et beaucoup d'autres. C'était vraiment cool de replonger dans ces livres-là, ça faisait longtemps que je voulais le faire. Sauf qu'au printemps je n'en pouvais plus d'être enfermé dans un tube de métal, dans un tunnel. Mais le pont était encore fermé et je ne pouvais pas reprendre le vélo. Je me

suis alors rabattu sur un autre classique : je connais le chemin à pied.

— Tu as recommencé tout d'un coup, matin et soir ? Je n'ai rien vu sur Strava.

— Oh là là, non ! Pour commencer, je n'étais pas du tout convaincu que j'allais aimer courir de nouveau. C'est juste que c'était la solution la plus simple pour moi puisque j'avais fait ça quotidiennement pendant des années. J'ai fait ça presque par dépit. Non, je ne reprenais pas la course, j'allais dehors pour éviter le métro, c'est tout. Et comme j'y suis allé sans aucune conviction, j'ai laissé tomber la montre.

En guise de preuve, je tends alors mon bras au-dessus de la table pour lui montrer mon poignet libre de toute électronique. Même pas une marque de bronzage ! Bon, d'accord, nous sommes au mois de janvier, mais je cours quand même en t-shirt quand les passants sortent leurs capuches en fourrure (synthétique).

Notre deuxième dose de caféine arrive à ce moment. La serveuse n'a pas perdu de temps. Il faut dire que les tables se vident et que les seuls clients qui s'incrustent jusque tard dans la matinée sont soit des retraités, soit ces deux coureurs qui discutent bien au chaud plutôt que de se lancer dans l'hiver qui commence tout juste son règne.

— Je ne voulais surtout pas que quelqu'un me « voie » courir et se fasse des idées sur mes intentions.

— Et ça s'est passé comment ?

Tandis que mon visage s'illumine, je réalise à quel point mes propres réactions sont contrastées. Si je suis encore mal à l'aise de parler de mon arrêt de la course, une sorte de honte lancinante, le sentiment d'avoir abandonné, je retrouve toutefois ma verve habituelle dès que j'aborde la course à pied, même s'il s'agit de mes moments les moins glorieux.

— Horrible, comme prévu ! La course elle-même a vraiment été pénible. À bout de souffle, foulée lourde, mal partout. En plus, c'était une journée grise, pluvieuse, totalement démoralisante. Aucun plaisir. Et les journées d'après, des courbatures monumentales, comme un débutant.

— Étais-tu surpris, ou déçu ?

— Pas du tout, je m'y attendais, au contraire. J'avais bien pris soin de ne pas idéaliser ce sport et de ne pas penser que

j'allais survoler le paysage en flottant au-dessus du sol, le visage barré d'un sourire béat. Non, je savais que j'allais en prendre plein la tête. Je ne m'étais pas trompé.

— Et finalement, tu as remonté la pente ou pas?

— Oui, très lentement. D'ailleurs, j'étais vraiment curieux de voir combien de temps il me faudrait pour retrouver la forme... et même si j'allais la retrouver. Eh bien, il m'aura fallu six bons mois pour être de nouveau en mesure de faire systématiquement mes allers-retours. Avant ça, c'était tout simplement impossible, j'étais trop fatigué. Mais c'est revenu, péniblement. Et juste après, pour je ne sais quelle raison, je me suis inscrit au 160 km de Bromont...

— Ah oui, j'avais vu. Mais en quelle année déjà?

— Octobre 2017, quelques mois seulement après avoir fui le métro. Je n'étais pas prêt physiquement, mais j'avais envie de revoir mes amis. Ma femme n'a pas bronché quand je lui ai dit que ça me tentait de m'inscrire, alors j'ai pris ça pour un «oui». Tu sais, on dit qu'un ultra, c'est plus mental que physique, ben là, j'ai tout fait au mental...

***

7 OCTOBRE 2017 —
BROMONT ULTRA

Quelle bière choisir au 65e kilomètre du Bromont Ultra? Quelle solution quand la digestion est au point mort depuis le départ? Que faire quand tu croules sous le poids du sommeil? Au ravito, que dire à ton voisin qui abandonne sa première course en 150 départs? En pleine nuit, que faire quand ton compagnon d'infortune arrive au bout de son rouleau? Quelle option quand les jambes te lâchent au pied boueux de la montée du Lieutenant Dan? Comment réagir quand ton *pacer* chante faux? Et quand la ligne d'arrivée approche?

Blonde ou IPA? Manger ou pas? S'allonger ou persister? Lui remonter le moral ou lui parler d'hypothermie? Continuer seul ou attendre son improbable résurrection? Abandonner ou monter centimètre par centimètre? Chanter ou danser? Marcher ou courir?

Tu bois une blonde, tu tombes dans la soupe aux légumes, tu te roules en boule dans un coin du sentier en attendant de te faire ramasser par les *trailers* qui suivent, tu lui expliques que tout est dans la tête, tu comprends que c'est cuit pour l'autre, tu dois te convaincre que tout est dans la tête (mais, bordel...), tu constates que ça change le mal de place, tu cours uniquement quand il y a des témoins.

Après 28 heures, 58 minutes et moins de 60 secondes d'un plaisir qui ne se mesure que sur une échelle pervertie, je me suis bien fait remettre à ma place par les sentiers. Mais ça passe tout seul en bonne compagnie, et ça, je ne l'avais pas oublié.

***

LA FOIS OÙ... l'agent de sécurité du parc Jean-Drapeau m'a interpellé. Après lui avoir dit que je rentrais chez moi par la banquise du fleuve, juste là, j'ai profité de sa stupeur pour m'enfuir.

3 JANVIER 2019 –
PHOBOS

– Presque 29 heures, alors que j'avais terminé la première édition en un peu plus de 22 heures. O.K., le parcours avait changé un peu, plus difficile, plus de dénivelé, mais quand même. Mon expérience m'a sauvé, mais a aussi confirmé que je n'avais plus grand-chose à apprendre de ces distances. Tout est dans la tête!

– Courir un 100 miles, c'est fou. J'aimerais vraiment vivre ça un jour, un ultra. Mais je ne crois pas que j'en sois capable. Et j'aurais trop peur de finir dernière.

– Oh non, ne t'en fais pas pour ça. L'important, dans un ultra, ce n'est pas le classement. Ni même de finir, quand on y pense. L'important, c'est d'essayer. Tous ceux qui prennent le départ vont accomplir un exploit personnel. Tu connais l'UTMB, l'Ultra-Trail du Mont-Blanc? On commence à Chamonix, en France, et on tourne autour du mont Blanc en passant par l'Italie et la Suisse, avant de revenir en France.

– Ça doit être magnifique.

– Une des plus belles courses que j'ai faites. Malgré le prestige de cette épreuve, les organisateurs attendent que le dernier coureur arrive pour procéder à la remise des prix. Et ils le font monter sur la scène dès son arrivée.

– Pas très sympa, non?

– Non, pas trop, surtout qu'il n'est pas très frais. Quand j'y ai participé, en 2015, c'est un Suédois de plus de 60 ans qui a fini dernier, après plus de 46 heures dans les montagnes. Comme le gagnant termine en général dans les 20 heures, ça veut dire qu'il a eu le temps de se doucher, de manger, de dormir, de se doucher encore, de déjeuner, etc. Il est frais comme

un gardon, alors que l'autre a du mal à grimper les quelques marches qui mènent à la scène. Le Suédois n'avait pas du tout l'air de comprendre ce qui lui arrivait !

— Mais pourquoi ils font ça ?

— Eh bien, quand les deux se retrouvent côte à côte, tu peux voir dans leurs yeux une incompréhension réciproque et un respect mutuel. Le jeune, qui a la chance et le privilège d'être rapide, n'a probablement encore jamais couru aussi longtemps que le vieux à sa gauche et il a du mal à imaginer quelle volonté il faut pour se convaincre de marcher et de se battre contre l'horloge qui risque de t'éliminer de la compétition. Le vieux, lui, n'a aucune idée de comment il est humainement possible de faire le tour du sommet de l'Europe en 20 heures, alors qu'il a tout donné pour faire ça en plus de 2 jours.

— Deux jours pour quelle distance déjà ?

— Cent soixante-dix kilomètres et dix mille mètres de dénivelé positif. Et devant eux, il y a les spectateurs, plusieurs centaines de coureurs qui sont entre les deux et qui se posent exactement les mêmes questions. Entre le plus rapide et le plus lent, le même parcours, la même distance, le même exploit. Et même ceux qui ne couvrent pas tout le parcours, bien franchement, si tu abandonnes au kilomètre 95, par exemple, tu as quand même couru 95 km dans les Alpes. Est-ce un échec ?

— Vu comme ça…

— Voilà pourquoi tu devrais vraiment essayer. Tu pourrais te surprendre. C'est difficile, mais pas tant que ça. La clé, c'est de bien se connaître. Pour ne pas avoir peur de mourir, d'une certaine façon.

J'adore les candidats à un premier ultramarathon. Ils me rappellent évidemment mes propres débuts alors que je n'avais aucune idée de ce que je faisais et encore moins de ce que j'allais vivre. Cette nervosité dans leurs yeux, cette fragile détermination. Anne n'y échappe pas et en prononçant ces quelques mots, je m'assure d'avoir toute son attention… ce qui n'est pas pour me déplaire.

— Peur… de mourir ?

— Oui, j'exagère un peu, mais tu sais, la peur, quand tu ne comprends pas ce qui t'arrive. Les inconforts, les douleurs, les sensations de faim, de soif, quand il se met à faire trop chaud, quand le froid te rentre dedans et que tu ne sens plus tes doigts, les bobos qui vont et viennent, quand tu n'as jamais vécu ça, tu te demandes si tu n'es pas en train de te blesser, tu ne sais pas si tu vas faire des dégâts irréversibles en continuant, si c'est dangereux. C'est normal de ne pas savoir, les premières fois. Et quand tu as peur, tu abandonnes, par prudence.

— Mais arrêter sur blessure, c'est la bonne chose à faire, non ?

— Oh oui, bien sûr. Mais toute douleur n'est pas une blessure. Le corps est capable d'encaisser énormément. Il y a plein de mécanismes dormants qu'on doit réapprendre à faire fonctionner et, surtout, il faut s'habituer aux sensations qui vont avec. On peut s'entraîner autant qu'on veut physiquement, mais si on s'inquiète au premier signe inhabituel, on ne passe jamais la ligne d'arrivée. Et quand on court pendant des dizaines d'heures, c'est le festival des douleurs !

— Mais comment est-ce que je peux me préparer alors ? Comment l'as-tu fait, toi ?

— En ne me donnant pas le choix de courir, surtout quand les conditions sont mauvaises ou quand je suis particulièrement fatigué ou démotivé. C'est facile d'aller courir par une belle journée de printemps ou après une bonne nuit de sommeil, mais ce n'est pas très instructif. En y allant au mauvais moment, tu augmentes les chances de vivre quelque chose de nouveau, désagréable peut-être, mais inédit. Tu dois faire des erreurs et voir ce que ça fait.

— Comme quoi ?

— Comme de s'habiller trop et de mourir de chaud. Ou de croire qu'il fait moins 5 °C mais de te rendre compte après quelques minutes qu'il fait moins 20 parce que tes doigts gèlent dans tes petits gants trop fins. Ou encore de te perdre et faire ton premier ultra par accident… sans eau. Toutes des histoires vraies, au passage.

— Aïe… mais c'est risqué, non ?

Je sais que mes histoires, racontées en vrac comme ça, semblent friser l'inconscience. Mais non, il y a une logique derrière cette approche et j'ai pris l'habitude de moduler mon discours pour créer quelques effets de toge en jouant sur les craintes rabâchées par la littérature. Déshydratation ! Coup de chaleur ! Frapper le mur ! Les engelures ! Blablabla. Oui, et alors.

— En général, ces trucs-là m'arrivent pendant mes courses quotidiennes de 10 km. Alors si jamais ça va vraiment mal, je peux sauter dans le métro, et puis c'est réglé. J'ai vécu ça une fois seulement, un jour que le vent était tellement froid que j'ai compris que j'étais à la limite de faire une grosse connerie avec mon petit coupe-vent. Une seule fois en sept ans. Et il n'y a pas que des mauvaises surprises, bien au contraire. Ce n'est peut-être pas confortable pendant, mais à l'arrivée, tu te dis que, finalement, ce n'était pas si difficile que ça, tu as appris quelque chose, tu sais maintenant que tu peux courir malgré tout, que tes limites ne sont pas où tu pensais qu'elles se trouvent. Et quand quelque chose de semblable te tombe dessus en plein milieu d'un ultra, tu te souviens de l'avoir déjà vécu et tu sais que tu ne vas pas faire de dégâts. Tu n'as plus peur et tu continues.

Anne semble amusée par mes élucubrations. Elle m'adresse un grand sourire, puis se moque gentiment de moi.

— Ç'a presque l'air simple.

Les bols sont à nouveau vides. Ni Anne ni moi ne semblons considérer que c'est une raison suffisante pour mettre fin à notre tête-à-tête.

— Pour ceux qui apprennent vite, peut-être. Dans mon cas, j'ai abandonné un ultra sur deux à mes débuts, alors j'ai mis du temps à comprendre comment ça fonctionnait. C'est après mon premier 100-Mile réussi que le déclic s'est fait. Celui-là, je l'ai terminé, alors que tous les ingrédients étaient réunis pour que j'abandonne. En fait, ça allait tellement mal que je n'avais pas la force de penser plus loin que le ravitaillement suivant et c'est ça qui m'a sauvé. Bref, c'est une longue histoire, mais c'est cette fois-là que j'ai compris comment finir un ultra. Et dans les deux années suivantes, j'en ai enchaîné une tonne, pour tenter de trouver mes limites.

— Et les as-tu trouvées ?

— Non, même pas ! Pourtant, j'ai fait ce qu'il fallait en terminant 2015 avec l'UTMB, la Diagonale des Fous et Québec-Montréal entre les deux. Même le Tor des Géants, que j'ai finalement annulé, ne m'inspirait plus de crainte particulière. Je le voyais comme une version longue de la Diagonale avec le décor de l'UTMB, mais sans plus.

— Le Tor des Géants, c'est quelle distance déjà ?

C'est avec un petit sourire gêné que je décline les caractéristiques de cette épreuve mythique qui, pourtant, me laisse de marbre :

— Trois cent trente kilomètres, dans les Alpes italiennes. Avec 24 000 m de dénivelé positif cumulé.

Anne redresse légèrement la tête, les sourcils suivent le mouvement alors que ses grands yeux s'ouvrent, révélant leur clarté. Oui, les dimensions d'un ultra, pour qui n'est pas habitué, frisent l'insolence.

— Euh, d'accord. Mais quoi alors ?

Les chiffres sont froids, cependant. Ils ne se suffisent pas à eux-mêmes. Ce n'est pas Scott Jurek qui me contredirait. « *Go big or go home* », me disait-il alors que je courais avec lui.

— Je ne sais pas trop... J'ai peur de tomber dans la surenchère.

En fait, j'ai bien une idée, mais j'ai acquis le réflexe de la garder pour moi, pour ne pas menacer la trêve conjugale. Quand j'y pense, c'est en réalité l'ensemble de mes idées liées à la course qui sont consignées de la sorte : aux oubliettes. *Ad vitam æternam,* peut-être. Mais Anne n'est pas soumise à cet embargo, alors je peux libérer un peu ma parole.

— Peut-être des courses de plusieurs jours, ou plusieurs semaines ? J'y pense depuis que je suis allé rejoindre Scott Jurek lorsqu'il tentait de battre le record du sentier des Appalaches.

* * *

18 JUIN 2015 — HERMÈS

J'ai couru avec une légende vivante. Quelques heures, quelque part en Pennsylvanie, environ 25 km. J'ai accompagné Scott Jurek alors qu'il tentait de battre le record de traversée du sentier des Appalaches.

Tout a commencé par un message de Frédéric reçu sur Facebook :

« Dis, tu connais quelqu'un qui voudrait faire le taxi pour Alexis ? Il faudrait le récupérer à JFK puis aller rejoindre Scott Jurek sur le AT pour prendre des photos pour *Grand Trail.* »

Voyons : sept heures de route de Montréal à New York, au moins cinq heures de New York jusqu'à un point inconnu du sentier des Appalaches qui nous sera communiqué par Jenny, la femme de Scott, en cours de route, dormir sur place dans la voiture, suivre Scott pour prendre des photos, puis revenir à Montréal. En plein milieu de la semaine ?

« Moi, je peux y aller si tu veux ! »

Mon ami Frédéric et son frère Alexis travaillaient alors sur leur livre *Grand Trail,* un superbe ouvrage entièrement consacré aux plus beaux parcours d'ultra-trail du monde, ainsi qu'aux champions de ce sport. Parmi ces champions, bien évidemment, figurait Scott Jurek. Multiple vainqueur de la Western States, de la Hardrock et de Badwater, entre autres exploits. Une véritable icône de cette discipline. Une occasion unique que je ne pouvais tout simplement pas laisser passer.

Alors je suis parti. Une heure plus tard, je me heurte à l'incrédulité du douanier que mon histoire et mon anglais maladroit ne semblent pas convaincre.

— Tu vas faire des centaines et des centaines de kilomètres pour récupérer un Français à l'aéroport pour ensuite aller prendre un gars en photo dans la forêt?

Ouais, bon, résumé comme ça, c'est sûr que ça semble louche. Mais il m'a finalement permis d'entrer aux États-Unis.

Ensuite, zigzaguer en banlieue de New York pour rejoindre Alexis quelques secondes après sa descente de l'avion, c'était un petit miracle. Mais rien comparé à notre chasse au Jurek. Car, voyez-vous, le sentier des Appalaches est un sentier étroit qui traverse montagnes et forêts. Parfois, il coupe une route et replonge dans la verdure. Il nous fallait trouver un coureur soit en mouvement, soit endormi, en pleine nuit, sous une faible pluie, à l'une de ces intersections anonymes au fin fond de la Pennsylvanie.

Alors que nous tournions plus ou moins en rond sur des routes de campagne, j'ai soudain aperçu au travers des gouttes de pluie sur le pare-brise deux minifourgonnettes garées en retrait sous les arbres. Coup de frein, je me stationne, nous sortons. Et voici Scott Jurek à moitié nu en train de se rincer après une 21ᵉ journée de course. Avec lui, sa femme et deux autres légendes de l'ultra-trail: Karl Meltzer et Rickey Gates. Nous y sommes. Demain, à l'aube, photos!

«*Go big or go home*», m'a dit Scott alors que je discutais avec lui pendant ces quelques kilomètres en sa compagnie. Pour finir sa carrière en beauté, il ne voulait pas faire les choses à moitié. Battre un formidable record vieux de trop nombreuses années était un moyen à la hauteur de sa réputation. Un sentier de près de 3500 km, partant de Géorgie et se terminant dans le Maine. Un ultramarathon quotidien pendant 46 jours d'affilée.

Mais si vous pensez que courir est difficile, essayez de faire comme Scott : enchaîner les ultras en compagnie d'illustres inconnus (comme moi) qui le rejoignent en tout temps pendant la journée pour l'accompagner, l'encourager, le féliciter ou discuter. Et Scott, en fonction de son humeur du moment, souriait, répondait, restait silencieux, mais toujours avançait.

Se retrouvant finalement seul avec moi, il me soumet à une sorte de petit interrogatoire, probablement pour adapter son discours en fonction de son compagnon du moment. Oui, je cours. Des ultras également. J'ai même terminé un 100-Mile. Lequel ? Le Vermont 100, en 3e position. Et, oui, j'arrive à m'entraîner tout en prenant soin d'une famille de trois jeunes enfants.

À l'évocation de la vie de famille, Scott soudain se confie à moi, la vedette dévoilant ses angoisses les plus intimes à un quidam. Il me révèle que Jenny a déjà fait deux fausses couches, mais qu'elle est à ce moment enceinte, de seulement quelques semaines... alors même qu'ils sont tous les deux en pleine brousse. Et ensuite arrivent les questions sur la conciliation travail-entraînement... Me voici en train de réconforter Scott Jurek sur son avenir de père de famille.

Pendant ce temps, Jenny, présente à ses côtés durant toute sa traversée, devait gérer les médias, les amis venus assister Scott quelques heures ou quelques jours, naviguer d'un croisement à l'autre du sentier avec la fourgonnette pour ravitailler son ultramarathonien de mari à intervalles réguliers, empruntant, à cette fin, d'obscurs chemins forestiers inconnus du GPS, pour nourrir l'animal et en prendre soin du matin au soir.

Une fois accomplie la mission d'Alexis et mon fantasme de partager quelques foulées avec un authentique champion réalisé, j'ai allumé le GPS de la voiture pour savoir quelle distance nous séparait de Montréal. Car, le lendemain, je devais retourner travailler. Clic, clic, clic… 950 km. Oh !…

Le lendemain, complètement crevé mais heureux, je publiais sur Facebook une photo de Scott et moi fendant vaillamment les denses forêts américaines. N'ayant mis aucun de mes amis au courant de cette escapade, quelques-uns ont pensé à un trucage. Mais non, j'y étais !

* * *

LA FOIS OÙ... je suis arrivé au bureau en hypothermie légère à la suite de ma course matinale. Pour dissimuler mes tremblements violents et incontrôlables, je suis allé me cacher dans le fond de la salle. Un vrai cancre.

3 JANVIER 2019 —
DÉIMOS

Je me surprends à conclure cette histoire en me parlant à moi-même, au conditionnel :

— Ouais, ce serait cool de tenter un truc comme ça… un jour.

D'un côté, cet aveu qui n'engage à rien ; de l'autre, ma réalité qui ne changera pas.

— Sauf qu'avec un boulot, la famille et trois enfants, la logistique serait ingérable. Je ne vois pas comment je pourrais m'organiser pour faire un truc comme Scott. Surtout qu'une fois sur place j'ai bien vu que sa seule équipe stable, c'était Jenny, sa femme. Levée avant lui, couchée après lui, elle n'avait aucun répit non plus. En les voyant interagir, j'ai vite compris que l'aventure de Scott dépendait entièrement de Jenny. Si, par malheur, elle décidait ou était contrainte de partir, c'était terminé. Et puis, qui voudrait m'accompagner, moi, dans un projet semblable ?!

Je lève les yeux alors que je prononce cette dernière phrase. Anne me regarde intensément et, pendant une fraction de seconde, j'ai l'impression que nos regards se confondent. Mais ce n'est rien de plus qu'une distorsion de mes attentes. Car, franchement, qui voudrait m'accompagner, moi, dans un projet semblable ?

Les tables autour de nous sont presque toutes libres maintenant. Devant nous, plus rien. Je n'ai même pas remarqué que la serveuse était passée pour tout emporter. Anne, heureusement pour moi, reprend le contrôle de nos échanges.

— Et si on allait courir ? C'est une dizaine de kilomètres jusqu'à ton bureau, c'est bien ça ?

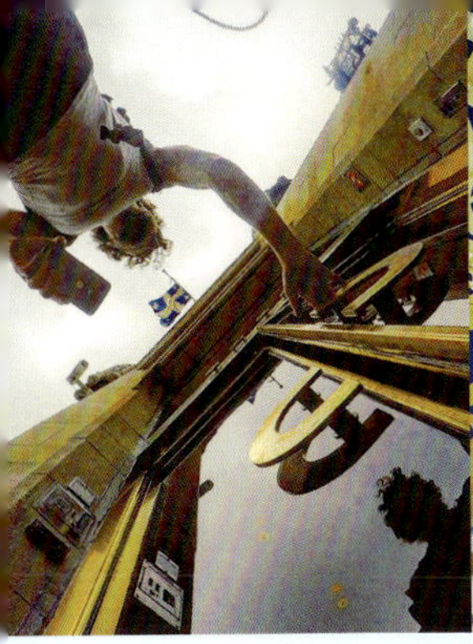

— Oui, environ. Quelle heure est-il ? Oh là là, presque 11 h 30 ! Mes futurs ex-collègues vont peut-être quand même finir par se demander où je suis.

Mais mon grand sourire dément la moindre parcelle d'inquiétude à ce sujet.

— Je t'ai prévenue qu'il va falloir enjamber plusieurs grilles et courir sur le pont pas déneigé, hein ?

— Oui oui, ne t'inquiète pas.

— Techniquement, la police surveille la piste fermée, mais elle m'a toujours superbement ignoré. J'imagine qu'un piéton qui marche sur un trottoir n'est pas très haut dans l'échelle des comportements anarchiques. Allons-y.

Je sais que mon trajet n'est pas pour les doux et que la majorité des coureurs récréatifs n'ont aucun intérêt à combiner sport, transport et course à obstacles. Et pourtant, la voici qui enjambe les grilles sans ralentir, navigue sur la piste cyclable enneigée sans encombre, son sourire écarlate exposé aux caméras de surveillance qui pivotent paresseusement.

— Est-ce qu'on a le temps de prendre une photo ? Tu pourrais me montrer comment tu fais.

— Oh oui, facile. Tu vas voir, ça ne prend vraiment pas longtemps.

D'une main experte, je dégage la GoPro, fixée à la bretelle de mon sac à dos par des élastiques pour les cheveux, tout en l'allumant, histoire de m'épargner quelques secondes dans le froid parfois cruel. Dans la foulée, son minuscule trépied est déployé et la caméra installée sur le côté de la piste, à un emplacement stable que je connais bien pour l'avoir exploité plusieurs fois déjà. Je saisis mon téléphone, trouve l'application et confirme le cadrage.

Nous passons deux fois devant l'objectif alors que j'active la caméra. Une trentaine de clics virtuels saisissent l'instant.

— Tu sais quoi ? Je pense que c'est la première fois que quelqu'un assiste et participe à ma routine photographique.

— Oh, je suis privilégiée alors !

Je jurerais qu'elle rougit un peu. Mais le froid ambiant reste le suspect le plus probable.

Je remballe mon matériel en un clin d'œil et nous reprenons nos foulées synchronisées, pour finalement atteindre le centre-ville bien trop rapidement à mon goût. Une fois arrivé au pied de la tour où je ne travaille plus, je la remercie.

— Et aussi, je vais regarder les photos dans quelques minutes et je t'envoie le résultat juste après.

— Super, merci. Mais dis-moi, tu devrais réapparaître sur Strava, tu nous manques.

— Je ne suis pas fermé à l'idée si cela peut motiver les autres à courir.

— Es-tu certain de renoncer aux compétitions ?

— Je pourrais peut-être faire un petit marathon, comme celui de Longueuil qui passe devant chez moi, par exemple.

Elle ajoute, d'un ton un brin provocateur :

— Il te faudra une montre.

— Je sais. On se revoit bientôt.

Je pensais qu'elle emprunterait le métro pour retourner à sa voiture laissée de l'autre côté du fleuve, mais non, je la vois reprendre la course en sens inverse. Je suis soufflé. J'aurais préféré poursuivre avec elle plutôt que de monter m'enfermer entre ces murs de brique.

Alors que, snobant l'ascenseur, je me dirige vers les escaliers, mes pensées s'emballent. Et je repense à une phrase qu'Anne a prononcée au cours de notre conversation. Je ne l'ai pas relevée sur le coup, comme si elle lisait en moi.

« Cette rencontre sera déterminante pour moi. »

Je n'ai pas saisi du tout le sens de ces quelques mots, car, pour moi, elle venait prendre quelques nouvelles d'un clown qui s'adonne à la photographie polaire et c'était tout.

Fidèle à ma parole, je passe quelques minutes à sélectionner, puis à retravailler une des images nous montrant tous les deux, côte à côte, entre les grilles du pont Jacques-Cartier. Je lui envoie le résultat et elle me répond presque aussitôt :

Je me suis fait intercepter par un agent de police ! J'ai négocié avec mon plus beau sourire et il m'a laissée passer.

Ça, je n'en doute pas une seconde.

Les heures s'étirent.

Mon trouble persiste.

Les jours défilent.

Avis de publication. Enfin, je vais pouvoir lire ce qu'Anne a perçu de moi. Comme elle est autrice, je sais que ça va être beau. Je clique.

« La fois où… j'ai reconduit Joan Roch au travail »

Quel beau rappel du titre de l'ensemble de mes anecdotes publiées dans mon livre. Merci pour ce clin d'œil.

« J'avais les joues brûlantes et le cœur en bataille. Non, je n'étais pas en train de faire des intervalles ; j'attendais Joan Roch. »

Oh.

Toujours cloîtré dans mon refus de voir la réalité en face, je n'ose comprendre ce que je lis. Plutôt que de me laisser convaincre de la réciprocité de nos sentiments naissants, je préfère n'y voir que le lyrisme d'une romancière. Mais cette phrase se fraye un chemin dans mon esprit malgré tout… et ne le quittera plus.

Les semaines avancent sans rien résoudre. Mais alors que les journées allongent, l'évidence finit par m'aveugler. Douloureusement.

J'ai compris que j'aimais encore la course, mais plus ma femme.

***

Partie 3

RENTRER AU PORT

Percé-Montréal
1135 km en 185 h 21 min

4 août: Percé — Cap-aux-Os (99 km - 15 h 04 min)
5 août: Cap-aux-Os — Grande-Vallée (99 km - 14 h 43 min)
6 août: Grande-Vallée — Marsoui (83 km - 14 h 16 min)
7 août: Marsoui — Les Méchins (76 km - 12 h 14 min)
8 août: Les Méchins — Baie-des-Sables (73 km - 13 h 26 min)
9 août: Baie-des-Sables — Rimouski (71 km - 13 h 34 min)
10 août: Rimouski (hôpital)
11 août: Rimouski — Saint-Simon-sur-Mer (61 km - 12 h 56 min)
12 août: Saint-Simon-sur-Mer — Rivière-du-Loup (71 km - 12 h 33 min)
13 août: Rivière-du-Loup — Saint-Denis-De La Bouteillerie (56 km - 10 h 38 min)
14 août: Saint-Denis-De La Bouteillerie — Berthier-sur-Mer (94 km - 13 h 23 min)
15 août: Berthier-sur-Mer — Sainte-Croix (95 km - 13 h 30 min)
16 août: Sainte-Croix — Bécancour (85 km - 12 h 52 min)
17 août: Bécancour — Sorel-Tracy (82 km - 11 h 55 min)
18 août: Sorel-Tracy — Longueuil (75 km - 11 h 44 min)
19 août: Longueuil — Mont Royal (15 km - 2 h 23 min)

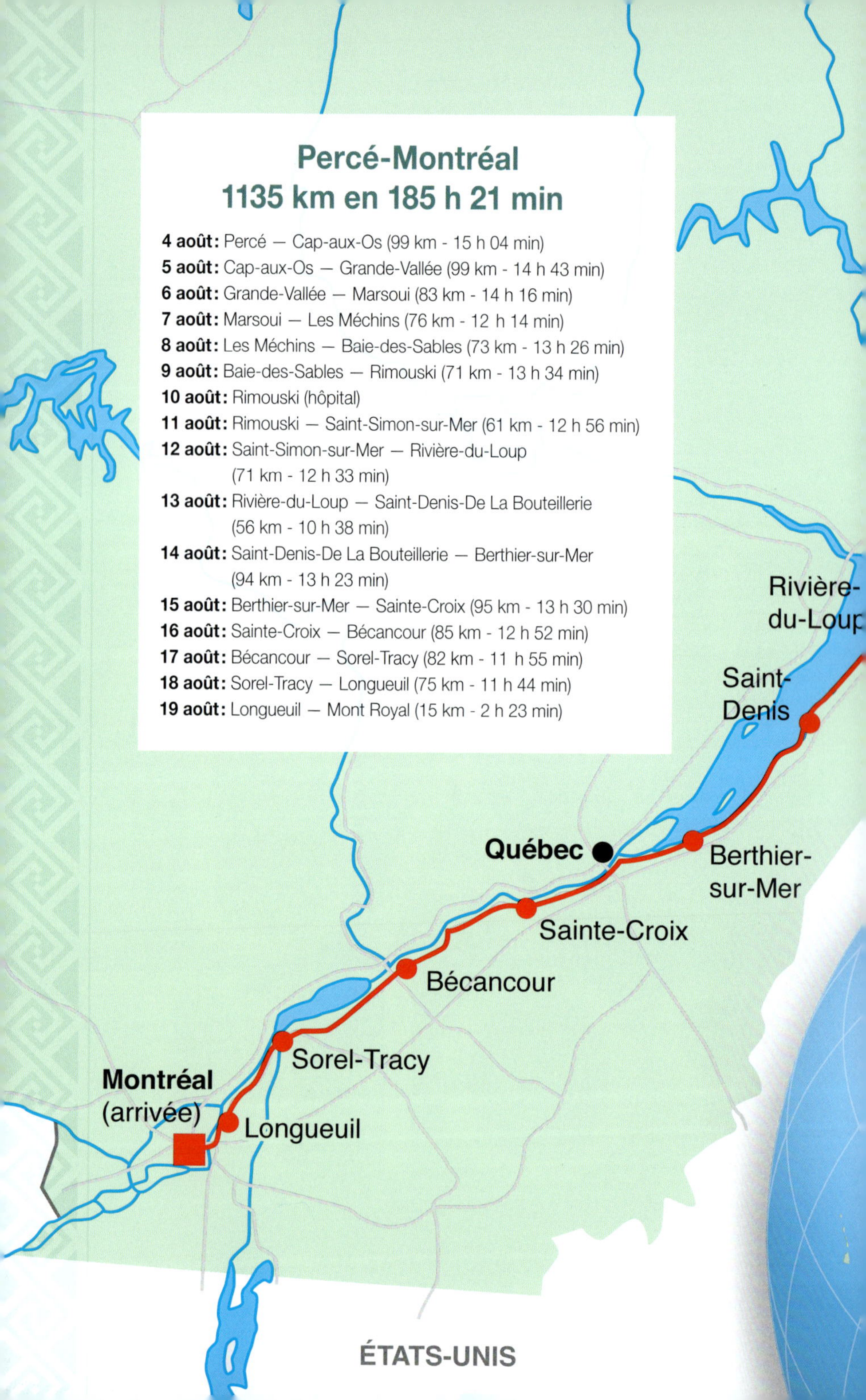

Saint-Laurent
Marsoui
Grande-
Vallée
Les Méchins
Cap-aux-Os
Percé
(départ)
Baie-des-Sables
Rimouski
Saint-Simon-
sur-Mer

15 JUILLET 2020 —

GENÈSE

Je voulais y croire, car l'autre option était le vide, l'absence. De l'aveuglement volontaire qui m'empêchait de voir plus loin que ce courriel fatidique que je pensais honnêtement ne jamais recevoir. Mais la réalité s'est matérialisée en fin d'après-midi, sans aucune considération pour mes attentes fantaisistes.

Bigfoot 200: 2020 Race is Cancelled

Quatre semaines tout juste avant le début de ce qui aurait été la première épreuve du Triple Crown, les sentiers se dérobent sous mes pieds.

Et maintenant, je fais quoi?

Évidemment, les organisateurs du Bigfoot proposent une version virtuelle aux participants. Il s'agirait de courir l'équivalent de la distance. Oh, pas en une seule fois, non, mais en l'étalant sur deux mois. Sauf que je l'ai déjà fait pour jouer, à l'entraînement… 332 km en 7 jours. J'ai même recommencé le mois suivant avec, pour pimenter un peu l'exercice, le Moab 240 comme étalon. Trois cent quatre-vingt-six kilomètres, toujours en sept jours, bien entendu, certainement pas sur deux mois. Soyons sérieux, quand même.

Et ce manque d'ambition annoncé n'est pas la seule chose qui me décourage: les épreuves virtuelles, qui se multiplient depuis l'apparition du SARS-CoV-2, ne suscitent en moi aucun intérêt. Absolument zéro. Courir pour simplement accumuler des kilomètres n'a aucune signification. Il me faut un contexte, un symbole, une raison, de l'imprévisible, de l'incontrôlable. Bref, le Bigfoot, c'est au pied du mont Saint Helens, dans l'État de Washington, que ça se passe, pas dans la banlieue de Montréal. Soyons sérieux, je répète.

Aspirées par le trou noir qui constitue désormais mon futur immédiat, mes pensées ne tournent plus qu'autour de la recherche d'une idée de remplacement. Quelque chose d'effrayant, de préférence, une aventure dont je ne sortirai pas indemne. Car sinon, à quoi bon?

Graduellement, une idée s'impose. Si la course officielle est annulée, le sentier, lui, est toujours là, accessible avec ou sans dossard. Mais le parcours sera-t-il facile à suivre sans le balisage habituel? Je crois me souvenir, d'après le manuel du coureur, que nous étions obligés d'avoir avec nous une version électronique du parcours, une mesure de sécurité pour ceux qui ont tendance à se perdre, c'est-à-dire tout ultramarathonien lâché dans la nature, honnêtement. Effectivement, je retrouve le tracé officiel. Mais quand je cherche à savoir dans quel parc exactement se tient la course, j'ai du mal à en déterminer les limites… C'est tout simplement gigantesque. On pourrait croire qu'un parcours point à point de 332 km en sentier serait tout enroulé sur lui-même et frôlerait à répétition ses frontières… mais non.

La petite ligne, une fois téléchargée, puis superposée à la carte, zigzague bien confortablement dans la fraction sud, laissant la vaste majorité de cette région volcanique ouverte à d'autres explorations. Et le site Internet officiel de la forêt nationale Gifford Pinchot témoigne de cette immensité : des centaines de rivières, lacs, sentiers, routes, campings ou volcans, la liste des points d'intérêt est interminable. Bien présents, les avertissements liés au virus qui traîne même en pleine nature. Après lecture, vérification et validation, je conclus que, oui, le

AUTOMATISTES
REFUS GLOBAL
NEW-YORK
REVOLUTION ?

parc est bien ouvert et que les sentiers empruntés par le Bigfoot 200 sont accessibles à tous malgré la pandémie.

Hourra! Pas de dossard, pas de bénévole, pas de station d'aide, pas de problème, hein? J'enregistre le tracé sur ma montre, ajoute les coordonnées des points d'eau naturels qui existent sur le chemin et commence à penser à la logistique d'une sortie solo de quelques jours en territoire inconnu. Tout en essayant de me persuader du bien-fondé d'une telle expédition, j'évoque le sujet avec mes parents... qui ne trouvent pas drôle du tout ma détermination à me lancer dans les griffes des grizzlis et autres pumas. Mon ami Pat, qui a fait et terminé cette compétition il y a quatre ans, ne semble pas tellement plus enthousiaste.

— Décidé à 99 % à me faire le Bigfoot 200 en solo. J'ai le tracé officiel (qui sera dans ma montre, entre autres) et il semble qu'il soit 100 % dans un parc qui est ouvert en ce moment. Une belle balade en perspective. Tu en penses quoi?

— Ouais... Y a des sections, à mon souvenir, où le ravitaillement est difficile et tu risques de manquer d'eau. Mais je t'avoue que c'est un peu flou dans ma mémoire. Je me souviens aussi que Candice disait aux *crews* que certaines sections étaient difficilement atteignables sans quatre-quatre. C'est sûrement faisable, mais ça implique une bonne logistique.

— J'ai relu le guide du coureur. Certains points de ravito sont difficiles d'accès, mais ce sont des exceptions. Pour l'eau, la carte indique tous les points d'eau naturels. Je prendrai un filtre. Pour le reste, ça dépend si je suis 100 % seul ou pas.

— Faudra que tu te loues une balise GPS pour qu'Anne puisse te suivre et savoir où tu es si tu as un problème.

— Oui, ça aussi, j'avais prévu. Plus cellulaire. Plus batterie USB de secours.

— Les points d'eau sont effectivement inscrits, et c'est une des raisons pour lesquelles je regardais ma carte sur mon iPhone. Dans la partie du mont Saint Helens, c'est là que ça peut être plus problématique. Y a une source, à un moment, qui m'a sauvé, mais sans elle, putain! j'étais cuit. C'est faisable. Certainement. Je te dirais seulement que l'expérience risque d'être moins le *fun* que si c'était la vraie course. Personnellement, à ta place, je me concentrerais sur les deux autres, mais je comprends ton désir de la faire. Faut juste être prudent. Comme coureur, tu es prêt. C'est tout le reste autour qui devient plus risqué sans organisation.

— Oui, j'y pense depuis quelques jours… mais ça me tente beaucoup. *If I get lost, hurt or die…*

— *Lost, hurt,* c'est gérable. *Die,* ce serait un drame pour tes enfants. Et tes amis.

— J'ai trois semaines et quelques jours pour rassembler cartes et technologies. Je ne veux pas mourir.

— Je sais bien!

Résumé: pas l'idée du siècle.

Et ensuite? Très simple, l'aveuglement volontaire doit continuer. Depuis octobre dernier, je m'imagine un été à courir. À courir comme je ne l'ai jamais fait, autant en distance qu'en temps — deux critères de base —, mais aussi en lieu et en manière. C'est ce que le Triple Crown devait me fournir.

Et j'étais prêt.

Je le suis toujours.

Cette dernière année, d'une certaine manière, j'ai tenté de me blesser. Je n'ai pris aucune précaution, ajoutant chaque semaine des centaines de kilomètres à d'autres, sans récupération apparente, dans des conditions parfois épouvantables. À quelques semaines de ce départ qui n'aura pas lieu, j'ai pratiquement effectué mon kilométrage annuel habituel… et nous ne sommes que début juillet. Ce faisant, j'ai récolté quelques trophées de seconde zone, sous la forme d'engelures, de peau fendue, d'ampoules monumentales, mais rien d'autre. Prêt comme jamais auparavant.

Faute d'une meilleure idée, je persiste dans cette décision douteuse. Pour commencer, je teste les fonctionnalités de navigation de ma montre. Ensuite, je trouve une balise GPS à louer, ce qui me permettra de diffuser ma position au fur et à mesure de ma progression et, si nécessaire, d'appeler les secours en cas de problème majeur. Hum, d'ailleurs, je me demande si mes assurances assurent une couverture pour ce genre d'aventure.

Mon projet vient de mourir.

Là, sur mon ordinateur. Une recherche rapide concernant les limites des couvertures de mes assurances donne un résultat on ne peut plus radical. En dehors du Canada, point de salut : la planète entière est hors limite, conformément aux recommandations du gouvernement. Donc, pas de voyage, pas de Bigfoot, pas de Triple Crown, solo ou officiel. La bonne

nouvelle, puisqu'il faut voir le côté positif, c'est que la probabilité d'aboutir à l'hôpital, par exemple pour une simple entorse, et d'hériter d'une facture équivalente au prix d'une maison vient de tomber à zéro.

Oui, zéro, c'est bien ce qu'il reste. Le néant.

À la maison, je m'enferme dans mon mutisme. En réalité, je cherchais depuis des mois une solution de rechange en cas d'annulation d'une des courses du Triple Crown, mais aucune idée n'avait germé et encore moins pris racine. Le désert.

Désœuvré, je perds mon temps sur mon téléphone. Et mes doigts glissent vers l'icône de Google Maps. Coincé comme tout le monde à l'intérieur de mes frontières, je consulte la carte du Québec. Autour de Montréal, je regarde où me porteraient mes pas si je décidais de courir de chez moi chaque jour dans une direction différente. Un peu comme dans mes entraînements, mais bien plus loin. Faire un beau dessin, quoi.

Mouais, pas mal, comme idée, mais il manque quelque chose, un détail qui frapperait l'imagination. La mienne, en tout cas. Dessiner une étoile géante sur la carte de la région de Montréal est un bon début, cependant. Après tout, courir le long des routes qu'emprunte matin et soir plus de la moitié de la population du Québec, cela rendrait les distances faciles à visualiser. Mais, justement, la perspective de traverser des villes de banlieue ne m'emballe pas. Entre le paysage urbain et la circulation, je n'ai pas l'impression que je vais m'amuser tant que ça. En fait, je parle par expérience, puisque, quelques semaines plus tôt, j'ai fait plus ou moins la même chose à échelle réduite — 56 km chaque matin, soit 23 km dans un sens et retour par un chemin semblable — pendant une semaine…

Courir le long d'un boulevard industriel, avec ses raffineries et ses camions, dans l'est de l'île de Montréal m'a laissé un souvenir que j'aurais souhaité périssable. Au cours de cette même semaine, par contre, j'ai été témoin de levers de soleil spectaculaires sur le fleuve ou les canaux qui zèbrent la métropole. Dans tous les cas, c'est la présence de l'eau qui rendait mes sorties magiques.

Le fleuve, encore et toujours. Ce fleuve sur lequel je cours l'hiver, le long duquel je m'entraîne tous les jours. À quoi ressemble-t-il plus loin ?

Mes doigts poursuivent leur exploration sur la vitre de mon téléphone.

Rive nord, d'abord. Une seule route longe les flots, la 138, que je connais en partie pour l'avoir déjà parcourue, 250 km entre Québec et Montréal. Il m'en manquerait plus de 1000 d'après ce que je vois. Mais la route s'arrête à Kegaska, alors que la côte se prolonge jusqu'à Blanc-Sablon, à la frontière entre la Belle Province et le Labrador. Route ou pas, la distance et ses trois zéros m'intriguent, mais la destination, pas tant que ça. Je découvre l'existence de Kegaska en suivant une route virtuelle jusqu'à son terme, ce qui n'est pas suffisant comme détail pour me motiver à courir jusque là-bas. Bien essayé, mais non. Dommage.

Et la rive sud, « ma » rive, si j'ose dire, j'en ai exploré quelques dizaines de kilomètres en amont et autant en aval, mais combien m'en resterait-il si jamais je souhaitais suivre le courant jusqu'à son terme ? De ma porte à Gaspé, par la route 132, environ 950 bornes. Trois chiffres. Trop court, trop court. J'ajuste la cible en remplaçant Gaspé par Percé. La distance hérite alors d'un quatrième chiffre. C'est prometteur. Mais l'algorithme n'a pas la fibre panoramique et reste souvent trop loin des berges. Je déforme graduellement la trajectoire initiale en multipliant les étapes, forçant le programme à emprunter une combinaison de routes, rues et chemins des vagues, de la mer ou de la grève.

Bingo ! Mille quatre-vingts kilomètres, un peu plus de vingt-cinq marathons, vue imprenable sur les flots. Reste à choisir dans quelle direction courir. L'idée de franchir le seuil de ma maison et de partir à l'aventure est d'une simplicité désarmante. C'est l'arrivée qui ne me plaît pas. Anti-paroxystique. Et bien trop typique de la majorité des ultras, où la norme semble d'être accueilli en pleine nuit par une petite poignée de bénévoles ensommeillés. Non, non, non, je veux arriver de jour et, si affinités, accompagné par quelques coureurs. Mais si je remonte le courant, l'histoire change : départ du mont Joli, le cap qui offre la vue la plus vertigineuse sur le fameux rocher Percé, arrivée au mont Royal en plein milieu du plus grand bassin de population de la province. Et le panorama du centre-ville à mes pieds. Élégant. Symbolique.

En combien de jours ? Si j'ai pu abattre presque 60 km chaque matin avant de travailler pendant une semaine ce printemps, je devrais bien pouvoir faire le double pendant mes vacances. Donc, 1080 divisé par 120 égale 9 jours. Peut-être 10 si ça coince un peu. Ça me va.

Incapable de contenir mon enthousiaste plus longtemps, je mets tous les détails de mon plan par écrit et je l'envoie à Pat :

Percé-belvédère Kondiaronk, 1090 km, en 9-10 jours.

Ça, c'est cool, 109 km par jour en moyenne. C'est jouable.

Validé !
Copié. Collé. Envoyé… à pas mal tout le monde.

***

4 AOÛT 2020 –

CAP À L'OUEST

L'aube est proche. Ce n'est pas un hasard, mais tout simplement de la mécanique céleste. Dès la genèse de cette idée de courir le long des côtes de la Gaspésie en gardant les terres à gauche, l'eau à droite, je savais que le départ me serait donné par l'astre du jour lui-même. Pas de cornemuse comme à Haliburton, pas de conque comme à Virgil Crest, pas de Vangelis comme à Chamonix. Non, un départ tout en douceur, tout en lumière orientale, à l'heure prescrite par la rotation de notre planète, rien de moins.

Bien avant que l'horizon ne présente son plus beau profil au feu thermonucléaire, une corne de brume extraterrestre se manifeste. Le son du tripode de *La guerre des mondes,* version Spielberg, s'élève de mon téléphone. Après des années de recherche pour trouver la mélodie qui me sortirait agréablement du sommeil avant un ultra, ce que n'arrivaient pas à faire les sonneries intégrées de mes appareils, j'ai fini par trouver cet effet sonore, terrifiant au cinéma, mais parfait pour les réveils précoces. À 3h33 précisément, pour la symétrie.

Réveillé par cette invasion martienne, je m'extirpe silencieusement de mon lit de camp, confortablement hébergé depuis deux nuits par Danielle et Normand, les amis d'une amie, dans leur motorisé au Camping du village. Toutes mes affaires sont prêtes depuis la veille, mon sac bien compact contenant l'intégralité de ce dont je pense avoir besoin pour ce long retour sans équipage. L'air marin, contrairement à mes attentes, n'est pas frais du tout. Je m'imaginais fuir la torpeur montréalaise, mais, contrairement aux éphémérides, la météo n'est pas tabulaire.

La ville, bondée de touristes hier, est déserte ce matin, à l'exception de quelques employés municipaux qui prennent soin de la rue principale. Ils ne semblent pas trop se préoccuper de mon passage, et je les salue en poursuivant ma marche d'approche. Ma ligne de départ est un cap avec vue plongeante sur l'océan Atlantique, un changement notable par rapport aux champs habituellement sélectionnés pour les hordes d'ultramarathoniens. Là encore, être seul en piste me donne l'avantage de choisir mon décor.

Je grimpe le petit sentier qui s'agrippe aux fragiles falaises et découvre rapidement le panorama qui fait la renommée de toute la péninsule. Le rocher Percé avec son Obélisque, qui avance courageusement dans l'eau, géant au pied de calcaire condamné à l'effondrement. Tout comme moi, peut-être.

Charles et son chien y sont déjà. L'ami d'une autre amie, un photographe tellement amoureux de la Gaspésie qu'il y a élu domicile voilà une dizaine d'années. Tellement passionné par son métier qu'il accepte de se lever bien avant l'aube, de conduire de Gaspé à Percé pour filmer un inconnu qui prétend pouvoir rallier Montréal en sandales. Tellement emballé par cette ligne de départ naturelle qu'il n'hésite pas à faire décoller son drone malgré les rafales de vent qui menacent de l'envoyer par le fond.

Alors que le soleil se fraye un chemin entre les nuages qui bouchent l'horizon, j'entends les moteurs rugir à l'unisson pour maintenir tant bien que mal l'assiette de la petite machine volante. Quant à moi, pas trop friand des hauteurs, je prends la pose les deux pieds très bien plantés dans la terre qui recouvre l'arête sur laquelle je me tiens. De part et d'autre, c'est le vide. Loin en réalité, mais, pour celui qui est sujet au vertige, trop proche. Surtout avec de telles bourrasques qui, il me semble, menacent mon équilibre. En réalité, si le drone résiste, je ne suis aucunement en danger. Je jongle quelques minutes avec mes peurs et la raison, le temps pour Charles de récolter quelques images magnifiques.

L'heure du départ est arrivée. Pas besoin de cadran solaire. Cependant, je ne dois pas oublier d'allumer la balise GPS qui diffusera ma position sur Internet pendant les prochains jours. Ce point rouge, que tous pourront suivre, permettra à quelques bonnes âmes de venir me porter à boire ou à manger pendant mon périple. Si certains veulent courir quelques mètres avec moi, ils sauront également où me trouver. L'inverse ne sera pas vrai, car je ne sais pas où je vais, alors comment me sera-t-il possible de savoir où je serai ? Les voyants clignotent, verts. Le dialogue avec les satellites est amorcé.

Au tour de ma montre, maintenant, pour enregistrer ma navigation circum-péninsulaire. Pour m'amuser, par contre, je n'ai toujours pas ajusté les objectifs quotidiens d'activité physique, abandonnés aux valeurs par défaut. Lors de mes courses préparatoires des derniers mois, je recevais systématiquement, en fin de journée, une volée de félicitations de la part de ma montre. Objectif atteint ! Dix mille pas ! Cinq cents calories ! Je me demande si des limites supérieures sont programmées… Je vais le savoir dès ce soir. À condition de courir.

Maintenant.

5 h 30.

Le soleil dans le dos, malgré les nuages gris qui zèbrent l'aurore.

Je m'élance, mais sans urgence. À quoi bon ?

Je n'ai aucune idée de ce que je fais. Jamais encore je ne me suis engagé dans un projet comme celui-là. D'une simplicité étonnante. Absurde aussi.

Je ne suis pas inquiet. Ni fébrile. Curieux, ça, oui. J'ai déjà exploré les changements qui touchent le corps et l'esprit lorsque les fatigues physique et mentale prennent le dessus. J'ai abandonné de nombreuses épreuves, souvent par ennui, mais j'en ai terminé d'autres, en général les plus pénibles, celles qui, justement, semblent déclencher des réflexes de survie qui limitent la réflexion et les choix.

Jamais je n'ai arrêté parce que je n'étais plus en mesure d'avancer.

Jamais.

Mais ces aventures étaient… courtes. Quelques heures, parfois quelques dizaines d'heures, mais toujours moins de deux jours.

Les foulées qui me font quitter le cap pour m'amener sur la route 132 se compteront par dizaines de milliers, quotidiennement. Les minutes qui s'égrènent alors que j'attaque la première côte formeront bientôt des heures, puis des jours, une semaine. Et plus encore. Ce premier kilomètre sera bientôt assorti d'un zéro, dans une heure environ. Puis d'un deuxième, probablement dès ce soir. Puis d'un troisième, si je suis encore en mouvement bien au-delà de Québec. Et il me manquera tout de même presque une centaine de kilomètres pour atteindre le mont Royal.

Malgré tout, je sais que je ne repousserai aucune limite connue de l'endurance humaine avec un tel projet. La vitesse non plus ne sera pas remarquable. Tous les continents ont déjà été franchis sur deux jambes, et les records établis donnent le tournis. Mais ces exploits ne signifient rien pour moi. À mon échelle individuelle, je n'ai tout simplement aucune idée de ce que je suis en mesure d'accomplir. Tout ce qui m'intéresse est de savoir ce que moi, je peux faire.

Si j'y arrive, j'espère que l'homme que je suis actuellement, celui qui se dirige vers sa première plage gaspésienne, j'espère que cet homme ne sera plus le même une fois atteint le belvédère du mont Royal.

Je rentre chez moi. Advienne que pourra.

* * *

LA FOIS OÙ... un renard est parti en courant dans les sous-bois avec ma GoPro dans sa gueule. Une chance que je suis un coureur de trail.

5 AOÛT 2020 —

HIER

Ma tête vient de faire un court-circuit. Je me suis imaginé au terme de cette épreuve olympienne, alors que je suis encore coincé dans les reliefs de la pointe de la péninsule. C'est, je pense, un piège monumental que de trop se projeter dans l'avenir pendant un ultra. Si, par malheur, on se rend compte de l'énormité de ce qu'on essaie d'accomplir, on court le risque de remettre bien trop tôt les pieds sur terre et de tout laisser tomber en redevenant raisonnable.

Mais là, c'est le pompon. J'en suis à peine au quart de mon programme et mon plan de match s'est désagrégé au contact de la réalité.

Pour commencer, même si j'ai déjà parcouru près de 250 km, je suis en retard d'une bonne cinquantaine de kilomètres sur mes prévisions. Ce n'est pas négligeable, même s'il m'en reste encore environ 850 à franchir. Les calculs qui tournent en boucle dans mon esprit, bien malgré moi, indiquent qu'à ce rythme mon arrivée sur le mont Royal n'aura pas lieu le 13 août comme je l'avais annoncé en fanfare. Et ce n'est qu'un problème de logistique comparé aux autres maux qui m'affligent.

J'ai encore un peu d'espoir pour le 14, mais il faudrait que tout aille bien.

Pas juste bien. Mieux.

Sauf que la douleur empire. Ça y est, j'ai fini par me blesser en courant. Il fallait bien que ça me tombe dessus un jour. Et je ne peux accuser la malchance puisque j'ai, encore une fois, joué avec le feu. Hé, hé, parlant de feu… Icare, vous connaissez?

Permettez-moi deux ou trois petites digressions avant de revenir à mon court-circuit cérébral. Car la journée d'hier était

assez riche en tuiles reçues sur le coin de la gueule. Il y a donc ce retard, tant au compteur qu'au calendrier, et une jambe droite douloureuse et enflée. Il faut aussi noter que je n'arrive presque pas à manger depuis le départ. Et Icare.

Mais commençons par ce jeune homme.

Icare, à en croire la légende, a fui le labyrinthe du Minotaure par la voie des airs, mais n'a pas écouté les conseils de Dédale, son vieux père. Il s'est approché trop près du Soleil, si bien que la cire avec laquelle les plumes de ses ailes étaient collées a fondu et qu'il a été précipité dans les flots. Il est mort.

Joan, à en croire sa balise, a quitté Cap-aux-Os la veille en courant, franchissant Forillon, mais n'a pas écouté les conseils de Denis, son vieux père. Il a couru plein ouest, si bien que son front, coincé entre l'astre du jour et le ruban noir de la route sous ses pieds, a brûlé et qu'il s'est précipité dans un lac. Il regrette.

J'ai survécu, sauf que mes problèmes ne se sont pas arrêtés là. Si l'immersion dans le lac m'a permis de faire redescendre temporairement la température de mon corps, c'est dans la nuit que j'ai vraiment eu peur. Démoli par une deuxième centaine de kilomètres en autant de jours, j'ai mis fin au supplice en m'arrêtant dans un motel, 50 km avant ma cible. Cinquante!

Rapidement, une douche, un brossage des dents pour me purifier après une journée de boissons trop sucrées et après la finale à base de poutine, seul plat encore offert au resto du motel. Et enfin pouvoir dormir, l'urgence étant de me reposer. Mon front calciné n'occupe pas le sommet de mes soucis.

C'est plutôt ma jambe droite, qui commence à être douloureuse, et mon corps tout entier, qui surchauffe, malgré la douche. La nuit, morcelée, est passée à tremper des serviettes dans l'eau froide et à les étendre sur mon tibia rouge vif et mon torse. Les nausées qui soudain m'assaillent me ramènent 15 ans en arrière, à cette insolation subie en Égypte, touriste aplati par le dieu Râ et vomissant du 7 Up dans un sac transparent. « Tiens, c'est encore pétillant. » On a les souvenirs de voyage qu'on mérite, j'imagine...

Au réveil, j'étais soulagé de constater que l'insolation n'avait pas eu lieu. La jambe droite, par contre, avait doublé de volume, du haut de la cheville jusqu'à la base des orteils. Troublé par cette déformation éléphantine, j'ai froncé les sourcils. Mauvaise idée, car la peau de mon front avait désormais l'élasticité d'une lanière de bacon trop cuit.

Parlant de bouffe, je n'ai pas déjeuné ce matin. Ni hier. Ni le jour avant. Au rythme de 6 000 à 8 000 calories brûlées par jour, je suis en sérieux déficit. Et mon dernier repas digne de ce nom date d'avant-hier, le soir de la première étape. Et encore, j'ai eu de la chance de trouver à manger. José, le plus improbable des propriétaires de camping au monde, m'a sauvé.

Ce premier soir, j'avais prévu de dormir dans une auberge de jeunesse, à Cap-aux-Os, un village dont le nom évoque à lui seul la famine. À deux kilomètres de mon arrêt, la nuit étant déjà bien installée, je réalise soudain que, pour manger dans une auberge, il faut utiliser la cuisine commune. Mais je ne transporte absolument rien de comestible, et à cette heure avancée, tous les commerces sont probablement déjà fermés. Alors même que mon estomac se crispe, j'aperçois sur le côté un bâtiment faiblement illuminé marquant l'entrée d'un camping et une pancarte annonçant « Casse-croûte ». C'est ma chance !

Je me présente, vêtu de mon cuissard, de mon sac trop lourd et de mes pieds poussiéreux chaussés d'une fine paire de sandales. Mis à part le propriétaire, le local est vide et, dans la vitrine du providentiel casse-croûte, rien.

Sous le poids du découragement, mon dos s'affaisse légèrement. Hagard, je m'apprête à quitter les lieux quand le proprio lève les yeux vers moi et que nos regards se croisent. Il m'examine rapidement de la tête aux pieds.

— T'arrives de courir?

Déjà, qu'il ne m'ait pas pris pour un cycliste est surprenant.

— Euh, oui.

— Mais t'arrives d'où?

— Percé, je suis parti ce matin.

Il se redresse, étonné par ma réponse, mais pas autant que je l'aurais cru.

— Et tu t'en vas jusqu'où comme ça?

— Ben, Montréal.

Il tourne légèrement la tête sur le côté tout en maintenant un contact visuel. Je pense qu'il cherche à vérifier si je ne suis pas en train de me moquer de lui.

— Tout seul, pas d'équipe?

Je fais signe que non. Toujours le dos bien droit, il recule sa tête un peu. La confusion semble prendre pied.

— Et... en sandales?

Je réponds que oui, tout en haussant un peu les épaules pour indiquer que moi non plus, je ne trouve pas que c'est une combinaison très réaliste pour une telle aventure.

— Toi, viens avec moi sur la terrasse en arrière, il faut qu'on se parle.

Et sans opposer de résistance, je le suis. Mais il ne m'accompagne pas les mains vides. De son comptoir, il sort une quantité de morceaux de pizza, des chips et à boire.

— T'as faim ? Tiens, c'est la pizza que j'ai fait cuire tout à l'heure dans mon nouveau four à bois. Bon appétit.

Mon souper vient de faire son apparition. Alors que je croque dans la pizza bien fraîche, je manque de m'étouffer quand il reprend la parole.

— Tu sais, je suis coureur, moi aussi. J'ai fait plein d'ultras partout sur la planète. L'UTMB, des courses en Australie, à Singapour, et aussi beaucoup de courses à étapes, comme le Marathon des Sables, au Maroc.

Combien de propriétaires de camping sur la planète sont des ultramarathoniens, sérieusement ? Un seul ? Et le voici, José, dans sa cabane au crépuscule, placé sur ma route par quelque divinité bienveillante. Faudra que je pense à venir ériger un temple à cet endroit.

— Il en faut beaucoup pour m'impressionner, mais là...

Après une heure de discussion sous les étoiles, je le remercie chaleureusement et, le ventre plein, je termine ma course à l'auberge.

Depuis cet épisode, c'est la chute libre. Pas cool, Zeus, pas cool. Tiens, le temple dont je t'avais parlé, oublie ça finalement...

« PLUS JAMAIS ÇA ! »

Normalement, et peu importe la distance, la majorité des coureurs en arrivent à un point où ils se promettent de ne plus jamais courir, que c'est leur dernière fois.

Faites-moi confiance, vous parlez à un expert.

Sans exception, cette décision irrévocable implose quelques minutes après qu'on a passé la ligne d'arrivée.

« C'était trop bien ! C'est quand le prochain ? »

Classique.

Eh bien, aujourd'hui, famélique et claudiquant, l'ego écorché par un retard aussi public que prévisible, j'essaie de ne pas grimacer de douleur à chaque foulée pour éviter de réveiller la sensation de brûlure qui sillonne mon front, et c'est là que le court-circuit a eu lieu. J'ai survolé le « plus jamais ça », accepté d'avance le « c'est quand le prochain » pour aboutir directement à « je ne peux pas croire qu'après ces 1000 bornes je vais trouver un truc encore plus gros et me remettre dans cet état. Je me déteste ».

Anne, à l'aide.

* * *

6 AOÛT 2020 —

GROS-MORNE

— Allô?

— Anne, c'est moi.

— Oh, quel bonheur d'entendre ta voix! Comment vas-tu?

Les fesses posées sur un tas de vieilles palettes en bois, elles-mêmes empilées sans cérémonie en arrière d'un dépanneur à l'allure décrépite, je téléphone à Anne tout en buvant une de ces horribles boissons phosphorescentes que l'on trouve partout dans les stations-service ou les épiceries. À ma gauche, une poubelle géante. À sa base, quelques détritus prisonniers des herbes hautes. Le petit village qui s'étend sur quelques centaines de mètres à l'ouest de mon poste d'observation porte un nom en totale adéquation avec mon humeur.

Gros-Morne.

— J'ai trouvé le dépanneur que tu m'avais indiqué tout à l'heure. C'est horrible.

— Comment ça, qu'est-ce qui se passe?

— Je suis crevé, j'ai mal partout, le sac est affreusement lourd, je n'avance pas et c'est moche ici. En plus, avec la COVID, impossible d'accéder aux toilettes. Je les comprends, ce sont les consignes, mais quand ils m'ont dit qu'il y en avait d'autres dans 15 km, je n'ai pas trouvé ça très drôle. J'en ai vraiment marre.

La mer n'est pas plus réjouie. Les flots face à moi sont gris et menaçants, sous l'emprise de la queue d'une tempête tropicale. Logiquement, les prévisions promettent du vent, des nuages et de la pluie. Après le grille-pain d'hier, courir dans un lave-vaisselle sera reposant. Enfin j'espère.

— Je ne sais pas pourquoi je m'impose ça. Il est presque 13h, je ne suis même pas arrivé à Mont-Louis. Et c'est là que j'étais censé dormir hier soir. Est-ce que ça vaut la peine de continuer si je suis en retard ?

— En retard ? Je trouve que tu avances bien, moi. Ta balise fonctionne très bien, en tout cas, et tu as fait pas mal de chemin, c'est impressionnant à voir sur la carte. Es-tu toujours tout seul, est-ce qu'il y en a qui sont venus courir avec toi ?

Alors que nous discutons, mon regard se porte au loin. Une grosse éclaboussure vient de jaillir au milieu des vagues. Ça m'intrigue, car un vieux bonhomme croisé plus tôt aujourd'hui m'a dit de surveiller le souffle des baleines. Après avoir guetté en vain feu la fameuse baleine de Montréal au printemps dernier, j'espère avoir plus de chance cette fois-ci. Ce serait ma première, malgré mes 24 ans au Québec.

— Oui, dès le premier jour. Et quelques autres depuis, c'est vraiment sympa, d'ailleurs, ça change les idées. Et ils n'arrivent pas les mains vides en plus.

— Ah non ?

Finalement, c'est un oiseau qui refait surface, un fou de Bassan qui vient de plonger. Puis un autre. Et encore un qui pique tête première. Un festin sous-marin.

— J'ai eu droit à des petits ravitos improvisés, de l'eau, des barres de céréales. Des cerises aussi. Et même une glacière qu'on avait déposée pour moi avec plein de trucs. Je pouvais prendre ce que je voulais et laisser le reste. Il y avait du pain avec de la confiture maison.

— Oh, c'est vraiment gentil. Je suis rassurée de savoir que tu n'es pas tout seul.

— Il ne faut pas t'en faire, tu sais. Si vraiment ça n'allait pas, je peux juste frapper à n'importe quelle porte en cas d'urgence. Je ne suis pas en pleine brousse. J'ai aussi été encouragé tout à l'heure par des retraités qui sont descendus avec leurs verres de vin. Pas du tout des coureurs, mais ce sont leurs enfants qui leur ont dit que je passais devant chez eux. Ils me trouvent *hot* !

— Ha, ha, c'est fou, ça !

— Oui, ma petite balade fait jaser.

— Ça, oui. Sur ta page Facebook, c'est incroyable tous les commentaires. Tu as eu le temps de regarder ?

Les fous sont bien plus nombreux maintenant. Plouf, plouf, plouf. Sous l'écume, un carnage.

— Oui, un peu, mais j'ai du mal à suivre en courant, y en a beaucoup. J'ai désactivé la vibration de mon téléphone pour ne pas tuer la batterie. Plein de messages aussi, mais je n'ai pas le temps de répondre non plus.

— J'imagine. D'ailleurs, il y a pas mal de monde qui me contacte directement depuis les deux derniers jours. Ils veulent t'aider, mais je ne sais pas quoi leur dire. As-tu besoin de quelque chose en particulier?

— Si quelqu'un pouvait prendre mon sac, ça m'aiderait. Je pense que c'est à cause de son poids que je me suis blessé à la jambe, hier. Monter, descendre, monter, descendre, avec tous ces kilos sur le dos, pas génial. J'espère que ça va passer.

— O.K., je vais voir ce que je peux faire. Il y a une Christiane, à Cap-Chat, qui pourrait t'héberger ce soir et faire le taxi. Je lui demande.

— Merci beaucoup. Tu sais, ça fait toute la différence depuis que tu as pris le relais à distance. Tu arrives à travailler sur ton livre un peu quand même?

Les fous semblent partis maintenant. Peut-être devrais-je les imiter, car il serait temps que ma balise montre signe de vie. Tout en parlant, je me remets lentement en marche. Avec la jambe qui coince, je dois prendre un élan très relatif de quelques dizaines de mètres avant de pouvoir courir de nouveau.

— Non, depuis avant-hier, je suis sans arrêt en train de surveiller si ta balise avance. C'est vraiment stressant de ne pas savoir si tu vas bien. Surtout que, des fois, il y a des points qui manquent. C'est possible?

— Hum, oui, c'est sûr. Je vérifie aussi régulièrement si la balise est bien en marche et si la carte est mise à jour. Elle émet une position toutes les 15 minutes, au mieux, et ça arrive que le signal ne se rende pas systématiquement aux satellites. Et quand j'entre dans les épiceries, pas de signal non plus. Mais je comprends que si le petit point ne bouge plus, vu de loin, tu ne peux pas savoir si je me suis fait renverser par un camion et si la balise traîne sur le bord de la route.

— Mouais...

Sur ces paroles, dont l'optimisme est tristement lesté par le gris du village que je quitte, je lui dis que je l'aime, puis vient le temps de raccrocher et de reprendre la course. Aussitôt, la douleur resurgit, à chacun de mes pas. Mais au moins, je sais qu'Anne veille sur moi. Tout comme Athéna assistait secrètement Ulysse pendant son long voyage de retour, ma fiancée tire les ficelles en arrière-scène. Mais plutôt que de négocier avec Zeus, c'est armée de son clavier qu'elle entreprend de canaliser toute cette générosité dans ma direction.

Mon rôle est plus simple : je dois mettre un pied devant l'autre, m'assurer que le lent mouvement de cette pastille rouge continue de glisser sur le dos titanesque de la péninsule gaspésienne, poursuivre le décalage des coordonnées vers l'ouest.

En cette fin de troisième journée, les nuages ont finalement été chassés par le vent, terrifiant, assourdissant. Aucune échappatoire n'est possible, je suis coincé entre la falaise et la mer. Je cours à la limite de la ligne blanche qui orne la route 132, mon fil d'Ariane. J'entends à peine les camions qui me dépassent à pleine vitesse, chargés de troncs d'arbres, même s'ils ne font aucun effort pour me laisser un peu d'espace.

Ignorant du danger qui se précipite vers moi, j'attends avec impatience mon premier coucher de soleil depuis le départ. Pour les deux premiers crépuscules, j'étais d'abord du mauvais côté des montagnes, puis trop profondément enfoncé dans les hauteurs de la forêt. Mais ce soir, c'est bon.

Une inesthétique masse blanche roule dans ma direction, un de ces paquebots de la route, une véritable maison motorisée. Je n'entends rien, je ne vois rien. Je me dis que les nuages qui s'effilochent devraient prendre une belle teinte tout à l'heure, juste avant la nuit.

Face à elle, un camion arrive. Pour se croiser, les deux mastodontes devront rester chacun bien campés dans leurs voies respectives, entre les lignes. Le camion est presque à ma hauteur, mais je ne m'en soucie pas, car il roule dans la voie opposée.

Le marchepied glisse sans bruit au-dessus du bitume, survolant la ligne blanche qui borde la route. Le couple de touristes a probablement oublié de le replier avant de repartir. Et la grille de métal déborde maintenant le flanc du véhicule, comme une lame mal aiguisée prête à trancher la jambe d'un piéton qui n'a d'yeux que pour le soleil couchant.

Le monstre passe presque sans bruit, le ronronnement de son moteur noyé dans la tourmente des rafales incessantes. Je le regarde s'éloigner et aperçois soudain le marchepied qui m'a sans doute effleuré. Quelques centimètres plus à droite et la balise se serait immobilisée pour de bon.

La nuit serait tombée, pour l'éternité…

***

LA FOIS OÙ... une vieille dame s'est extasiée sans retenue à propos de mon physique de coureur. « *Hmm, sexy body, I love it !* »

9 AOÛT 2020 — *THE ELEPHANT* *MAN*

Vous connaissez le film *The Elephant Man*? Magnifique œuvre cinématographique de David Lynch, on y suit la vie tragique de John Merrick, un homme sensible, mais affligé d'un physique monstrueux, déformé par une maladie que le fait ressembler, selon le discours du forain qui l'exhibe au public, à un pachyderme. Dans une scène déchirante, tourmenté par la foule, il tente de s'enfuir, mais se retrouve acculé dans une impasse et crie quatre phrases à ses poursuivants, avant de s'effondrer.

«Je ne suis pas un éléphant!»

L'homme-éléphant traverse lentement Métis-sur-Mer. J'aimerais courir, mais seul, c'est impossible. Mon pied droit, sans chaussure pour le contraindre, est gigantesque. Je ne sens plus mes orteils. Le bas de ma jambe, qui ressemble plutôt à un gros tube désormais, me fait trop mal. La douleur me vrille la jambe à chaque pas, sans répit, du départ, le matin, jusqu'à l'arrêt, au coucher du soleil, pendant 13 heures d'affilée, depuis plus de 3 jours maintenant. Mentalement, je suis épuisé.

«Je ne suis pas un animal!»

L'animal humain est fascinant. Anesthésiée par des années, des générations d'un confort matériel sans faille, la bête en nous se terre. Malgré tous nos efforts inconscients pour oublier son existence, elle attend patiemment son tour. Pas pour nous transformer en monstres sanguinaires, non, mais pour voler à notre rescousse le moment venu. Je l'ai découvert pour la première fois au détour d'un épisode hypothermique à Virgil Crest, lors de mon premier 100-Mile réussi. Et depuis, je cherche à recréer les circonstances qui la feront surgir. Tout ce que je sais, c'est qu'il me faut toucher le fond pour la réveiller. Et aujourd'hui,

sept ans plus tard, objectif atteint. Grâce à elle, je sais que je vais reprendre la course dans quelques instants. Malgré ce handicap, malgré l'œdème, malgré le supplice de la goutte d'eau, version asphalte.

« Je suis un homme ! »

J'ai encore perdu l'usage de la parole. Je grogne à la place. Je ne suis pas vraiment surpris d'en être temporairement réduit à émettre des borborygmes, car j'ai déjà vécu un épisode semblable au cours de mes 250 km de Québec à Montréal. J'ai averti mes compagnons de course, une présence désormais quasi permanente, de l'effet de ces ultras quotidiens sur mon langage. Après chacune de mes pauses, je commence par marcher quelques minutes avant d'accélérer… et c'est à ce moment que le corps est submergé par une douleur diffuse mais généralisée, me coupant temporairement de mes semblables.

« Je suis un être humain ! »

Assurément, j'ai régressé. Au-delà de mon apparence émaciée, de ma peau brûlée, de la botte de foin délavée qui fait office de coiffure et de mes pieds craquelés, c'est dans la tête que les choses ne tournent plus comme avant. Tout est devenu très simple. Primitif, même. Plus rien n'a d'importance. Ni mes économies en chute libre pour cause de congé sans solde, ni l'impossibilité de voir mes parents depuis que les avions ne volent plus, ni même ce que je fais subir à Anne alors qu'elle s'occupe de moi à distance, heure après heure, au détriment de ses propres projets. Le seul but de mon existence, c'est d'avancer jusqu'au sommet du mont Royal.

Comportement animal, réflexes primitifs, apparence inhumaine : j'adore ce que je suis devenu ! Contrairement à John Merrick, je ne cherche pas à rejeter ma condition de monstre, surtout que ses caractéristiques improbables me permettent de poursuivre ma route vers Montréal. John, *The Elephant Man,* n'avait évidemment pas choisi son état et le pauvre hère finira par rendre l'âme dans un hôpital ; s'étant volontairement couché sur le dos pour la première fois de sa vie, il mourra étouffé, incapable de se relever à cause de sa difformité.

Étrange parallèle, puisque, ce matin, j'ai bien failli, moi aussi, ne jamais quitter mon lit. Après une nuit pénible à ne pas savoir dans quel sens m'allonger pour ne pas subir les affres d'une jambe en décomposition, j'ai eu toutes les peines du monde à me lever, puis à descendre les escaliers. Une fois au rez-de-chaussée, j'ai pu me consoler en constatant que j'ai au moins pris une bonne décision dans cette aventure : les sandales. En effet, jamais mon pied droit hypertrophié n'aurait pu se loger dans une chaussure, tandis que là, bien que la chair qui déborde de chaque côté des sangles ne soit pas très esthétique, ça reste fonctionnel.

Mais, sandales ou pas, poser le pied par terre fait mal. Très mal. Mes hôtes m'ayant reconduit à Marsoui, mon point d'arrêt de la veille, je me retrouve seul devant un édifice municipal qui reflète fidèlement mon état. Rampes rouillées, béton fissuré et enseigne écaillée, seules les petites affiches d'information collées sur les portes en verre m'indiquent que le local n'est pas abandonné. Moi, par contre, alors que je suis assis au pied de la rampe d'accès pour handicapés, j'y songe, à l'abandon.

À quoi bon? Si descendre quelques marches est devenu presque impossible, si m'extirper d'une voiture est une torture, comment est-il envisageable de me mettre debout, puis de courir toute la journée?

J'hésite à allumer ma balise, signal qui indiquerait à la planète que je m'apprête à repartir. Je prends mon téléphone pour lire les commentaires que ceux qui me suivent auraient laissés. Anne m'avait prévenu, mais je ne m'attendais pas à un tel déluge. Le nombre de messages reçus est affolant, mais c'est surtout leur teneur qui est extraordinaire. Un soutien indéfectible pour ce que j'essaie d'accomplir, une absence totale de pression de performance. Unanimement, les centaines d'inconnus qui m'écrivent se moquent éperdument du temps qu'il me faudra pour atteindre le mont Royal. Mieux encore, que je grimpe le mont Royal ou pas n'a aucune importance. Le simple fait d'essayer est suffisant.

La tête basse et le dos courbé, les yeux fixés sur mon écran, je fais défiler la liste. Des pages et des pages de témoignages comme quoi mon idée farfelue inspire ceux qui m'écrivent dans leur vie de tous les jours, les incite à courir, évidemment, mais pas seulement. À se lancer tête baissée dans l'inconnu, sous l'impulsion d'un moment, sans attendre que les astres soient alignés, et improviser en cours de trajet.

Cette course n'est plus ma course.

Pour ceux qui vivent mon odyssée à distance, par procuration, ceux qui croient en moi, je n'ai pas le choix. Pas le choix d'essayer. Rien de moins, rien de plus. Tant que je trouverai un moyen d'avancer, j'avancerai. Je n'arrêterai que si toutes mes options sont épuisées, pas avant.

Je me lève. Je range mon téléphone. J'allume ma balise. J'enclenche ma montre. Je serre les dents. Je marche.

Pendant des heures, je marche.

Je suis sorti de ma rêverie par un vieil homme qui s'approche de moi, équipé d'une paire de chaussures de course. Si on me poursuit, c'est peut-être que je suis un phénomène de foire. Mais personne ne se moque de l'homme-éléphant qui tente de rentrer chez lui à pied. Bien au contraire, on y met les formes.

— Salut, Joan ! Est-ce qu'on peut faire quelques kilomètres avec toi ?

Toujours la même question. Depuis quelque temps, plusieurs fois par jour, des coureurs m'abordent poliment. Et chaque fois, je réponds avec un enthousiasme bien réel.

— Oh oui, s'il vous plaît. J'ai besoin qu'on me parle pour oublier que j'ai mal. C'est le seul moyen pour moi d'arriver à courir.

Alors que je quitte enfin Métis-sur-Mer, après des heures à marcher seul, je suis ravi d'être accosté de nouveau par des coureurs. Cette fois-ci, il s'agit d'un grand-père et de son petit-fils.

— Tu es sûr ? On ne veut surtout pas te ralentir.

— Ha, ha, aucun risque ! En fait, je vous garantis que vous ne battrez aucun record de vitesse aujourd'hui.

Et nous partons en petite formation. Le miracle encore une fois se produit. Les paroles que nous échangeons me permettent d'oublier l'état de dégénérescence de ma jambe. Impossible d'aller vite, ce n'est pas élégant, mais je cours, et c'est un tantinet plus efficace que la marche. La bête a trouvé un moyen.

— Vous en êtes à combien de kilomètres depuis votre départ ?

— Euh, je ne sais pas précisément. Deux fois 100 km au début. Ensuite, j'ai commencé à avoir mal à la jambe, ce qui m'a forcé à diminuer la distance. Je crois que j'ai fait environ deux marathons la journée d'après. Mais depuis, c'est juste impossible. Un peu plus de 70 km par jour, il me semble.

— Et aujourd'hui ?

— Aujourd'hui, si j'arrive à Rimouski, je serai satisfait. Ça ferait 70 km de plus. Je pense que j'en serai à 500 km, même pas la moitié. Bah, peu importe, ça ira plus vite grâce à vous.

Plus extraordinaire encore, l'effet de groupe fonctionne dans les deux sens.

— On n'ira pas jusqu'à Rimouski avec vous, en tout cas !

— Peut-être pas, mais vous pourriez vous surprendre.

Je n'affirme pas ça dans le vide. Depuis les derniers jours, le même schéma se répète de manière systématique. D'abord

cinq petits kilomètres, avec plein de pauses, très lentement. Finalement, mes accompagnateurs du moment me disent : « C'est vraiment l'*fun.* Je pense que je vais continuer. » Et ils poursuivent. Parfois jusqu'à 50 km. Souvent leur plus longue distance depuis bien longtemps, quand ce n'est pas leur plus longue distance, point.

— Je commence à avoir des crampes aux mollets. J'ai 75 ans, tout de même, et j'ai couru plus que ce que j'avais pensé pouvoir faire.

— J'en étais sûr. Combien, en fin de compte ?

— Douze kilomètres ! Moi, j'arrête, mais mon petit-fils va continuer avec vous jusqu'à Sainte-Flavie.

Et le garçon de 13 ans battra lui aussi son record personnel cette journée-là. Cette endurance de groupe, c'est un réflexe vieux comme le temps. La cohésion qui s'installe spontanément entre les chasseurs, un instinct développé au fil des millénaires pour assurer la survie, puis la domination de l'espèce. Que la proie soit le sommet du mont Royal ne change rien, l'effet reste le même. L'animal humain n'est jamais bien loin sous la surface.

Quant à moi, malgré tous les artifices antédiluviens déployés par le cerveau, je suis claqué. Quatre jours de douleur en continu. Demain, pour recharger mes batteries, je quitte mon costume d'homme-éléphant et je m'offre une journée de repos. Un matin à ne pas me lever pour aller courir, mais à rester immobile sous le soleil d'été, à profiter des terrasses et des microbrasseries locales.

Humain après tout.

***

10 AOÛT 2020 —

HOSPITALITÉ

— Bienvenue à Rimouski !

Hier soir, j'ai encore dépassé mes objectifs kilométriques. La clé, c'est de les réviser à la baisse plusieurs fois par jour, puis de se surprendre soi-même à franchir plus de la moitié de la distance espérée au départ.

Se mentir à soi-même est une technique valable, mais il est bon de s'appuyer sur des signes un peu plus tangibles, des indices qui permettent de confirmer qu'on avance pour de vrai.

Que ce soit un phare sur la côte au loin ou une éolienne dans les hauteurs, l'acharnement à avancer finit toujours par susciter le même étonnement.

Un point de repère au loin, très loin, c'est décourageant. Mais, quelques heures plus tard, je peux distinguer le mur blanc surplombé par un dôme en métal rouge. Le temps s'égrène au gré des foulées et, sans trop savoir depuis quand exactement, je réalise que j'entends le bruit des pales gigantesques qui fendent l'air, à gauche, sur la falaise. Le soleil poursuit sa course, moi aussi. L'éolienne a disparu. Ce phare, loin devant, est maintenant à peine visible, loin derrière, remplacé par un autre, là-bas.

Cette conviction que le temps est mon allié n'est pas innée. Non, je l'ai acquise ces derniers jours en constatant à répétition que, malgré les apparences trompeuses, les heures que j'ai couru, même au ralenti, et malgré les pauses trop fréquentes, mais nécessaires pour renflouer mon moral avec un lait au chocolat ou un café glacé, ces heures, donc, transforment les kilomètres en statistiques.

Autant de kilomètres qui ne seront plus à faire le lendemain. À une exception près : le septième jour, je me repose à Rimouski.

— Bienvenue à Rimouski!

Pour cette journée de vacances de course, j'ai tout de même un horaire à respecter. En effet, Anne avait établi un programme pour moi. J'en connaissais les grandes lignes, mais sans plus, les détails s'étant dilués dans le chaos des 100 000 pas de la journée. Une chance pour moi, Anne a levé toute une armée de secrétaires pour me garder sur le droit chemin de la récupération. Dès l'arrêt de ma montre, mes accompagnateurs des dernières heures se chargent de me communiquer mon programme.

— Tu sais que, demain matin, tu as un rendez-vous en massothérapie, suivi d'un autre en physiothérapie?

— Euh, plus ou moins, j'ai perdu le contrôle de mon emploi du temps, mais je vous fais entièrement confiance.

Et je suis ensuite convoyé à mon logis, pour un autre repas princier, une constante depuis mon horrible poutine de motel du deuxième soir. Heureusement, l'appétit qui me faisait défaut a fini par revenir en force alors que je n'y croyais plus du tout.

Avant-hier soir, pour être précis. À Grosses-Roches, l'arrêt de la course a déclenché une réaction en chaîne pour le moins étrange. Une sorte de dépressurisation rapide de l'ensemble du système. En quelques minutes, je suis passé du coureur de fond glorieux à la larve grelottante au bord du feu… allumé spécialement pour moi en pleine canicule.

Pendant que je surfe sur cette baisse de tension subite, enroulé dans une couverture à quelques centimètres du poêle à combustion lente, Lucie et Benoît dressent la table. Le menu a été inspiré par les suggestions d'Anne et mon désir de faire un

peu de tourisme gastronomique. Fruits de mer froids, salade d'orzo, poissons fumés ou séchés, un festin préparé dans une ancienne école de campagne déplacée au bord du fleuve, sans électricité mais avec l'eau courante amenée de la source par gravité.

Depuis quelques jours, je prends mon seul véritable repas en soirée. Et au début, je me forçais à manger. La journée d'avant, par exemple, il m'a fallu picorer un par un mes macaronis pour réussir à terminer le petit bol cuisiné par Christiane. Alors, en me traînant à table ce soir, je préviens mes hôtes que je risque de grappiller dans quelques plats, de sorte qu'ils ne s'offusquent pas si je ne fais pas honneur à leur cuisine.

À peine installé, je me libère de la couverture. J'ai chaud, le feu semble avoir fait effet. L'assiette devant moi, à moitié remplie, semble appétissante, alors je me lance du bout des lèvres. C'est délicieux, et le premier service disparaît. Les vertiges qui m'avaient assommé quelques minutes plus tôt se sont dissipés, je ne grelotte plus du tout et je réalise que je meurs de faim. La deuxième assiette est engloutie. Je plonge dans les poissons séchés. Puis la salade de moules. Les crevettes ne sont pas épargnées.

Plusieurs assiettes plus tard, si on ne tient pas compte de mon accoutrement de sportif poussiéreux, des lambeaux de peau noircie qui se détachent de mon front et de ma cheville surdimensionnée, on pourrait presque croire que je suis un convive gourmand tout ce qu'il y a de plus classique. Mais après quelques ultramarathons en autant de jours, mon corps vient enfin de trouver un équilibre.

Il était temps, car je sentais bien que j'étais à deux doigts de me faire emporter par une spirale destructrice. Avec un tel volume de course quotidien, même si le rythme est particulièrement lent à cause de ma première véritable blessure de course, c'est un défi que de manger en quantité suffisante pour compenser la perte calorique.

Au début, le vieux réflexe de ralentissement de la digestion dans le cadre d'un ultra s'est enclenché. Le truc que mon cerveau n'a pas compris tout de suite, c'est que le lendemain du premier ultra, plutôt que de me la couler douce, j'ai repris la route. Le surlendemain, le cortex toujours dans les choux, j'ai remis ça. Au rythme de quelques collations dans la journée et d'un repas insuffisant le soir, le corps s'est consumé rapidement. Mais avec mon souper à Grosses-Roches, si je n'engraisserai certainement pas, j'ai au moins interrompu la fonte.

Côté sommeil, j'ai rapidement laissé tomber le réveille-matin. Pour moi qui veux aller loin, les heures de repos sont vite devenues plus importantes que les kilomètres. Surtout que je me couche tard : j'arrête de courir à la tombée de la nuit, mais la journée n'est pas terminée pour autant. Il me faut manger, me laver, discuter avec les bons Samaritains qui m'accueillent désormais chaque soir, puis, une fois au lit, trouver une position dans laquelle la douleur à la jambe est tolérable. Le matin, c'est le corps qui décide quand je me réveille. Et pour relancer la machine, une bonne heure est nécessaire. Un café aussi. Ou deux. Ensuite seulement, le lent mouvement vers Montréal peut reprendre. Sauf demain, je reste immobile !

— Bienvenue à Rimouski !

Mon comité d'accueil est le plus imposant depuis le début de mon périple. Je suis escorté par quatre coureurs (dont un en sandales), ainsi que par le maire de la ville sur son vélo. Sous la pluie, pour faire changement, ce qui me fait craindre de prendre froid pour la première fois depuis mon départ de Percé. Mais l'effet d'entraînement créé par le groupe me permet de maintenir un rythme suffisant pour tuer le frisson dans l'œuf. Le chef de l'escadrille est Yannick, qui me fait découvrir le parcours du marathon de Rimouski, compétition dont il est l'organisateur. Normalement, cette course le long du fleuve/de la mer aurait dû être rehaussée d'un vent de face terrifiant, mais pas ce soir. Il s'en excuse presque.

Fleuve ou mer, d'ailleurs, l'appellation n'est pas claire. J'ai rencontré les premières pancartes annonçant « Fleuve Saint-Laurent » il y a déjà plusieurs jours, alors que l'autre rive était à peine visible et que les reliefs de la Côte-Nord se confondaient avec les barres des nuages à l'horizon. Et depuis, les phoques et les usines de crevettes qui peuplent encore le littoral me laissent croire que l'eau n'est pas encore douce. Alors, la mer.

Moins d'un kilomètre avant la ligne d'arrivée, nous quittons la promenade (de la mer, c'est le nom officiel) pour passer par le centre-ville. Je peux ainsi rapidement inspecter les terrasses que j'explorerai demain. C'est le plan.

Plan n.m, synon. : fiction, utopie, #lol.

Simple, élégant. Je déjeune dans un chouette café, puis je profite des soins de Gil, le massothérapeute, et finis la matinée par une séance de physio pour remettre cette jambe sur le droit chemin. L'après-midi, superbement ensoleillé selon les prévisions, je le passe à contempler la mer en sirotant les bières du coin. Au coucher de soleil, direction le lit pour une longue nuit, avant d'attaquer, à l'aube, les bosses du Bic.

Moi et mes plans. Comme de courir du rocher Percé au mont Royal en quelques jours, avec un sac et deux jambes… J'aurais dû me méfier.

Ç'a commencé comme prévu avec le chouette café au centre-ville. Sarah, mon hôtesse rimouskoise, l'a trouvé pour moi et j'ai pu boire un bol de moka, un contraste appréciable avec les potions caféinées des dépanneurs dont je dois me contenter depuis quelques jours.

Toujours avec Sarah comme guide, aucun souci non plus pour trouver Gil le masso, mais ç'a tourné au vinaigre assez vite. Pas la faute de Gil, bien au contraire. C'est juste que son expertise allait frapper quelques limites. Dans son regard, il était clair que ma jambe ne lui inspirait pas grand-chose de joyeux.

— Hum, c'est très enflé et la peau est rouge vif. Et quand je touche, c'est chaud. Je peux te faire un massage très doux

pour essayer de drainer un peu l'œdème, mais pour l'inflammation, je ne peux rien faire.

— O.K.

Prenant vraiment à cœur le principe d'une journée de repos, je pense m'être endormi pendant le massage. Gil ne voulait surtout pas brusquer le système après toutes ces journées d'effort et il a parfaitement réussi. Pour l'inflammation, bah, je cours là-dessus depuis quatre jours, et la physio m'attend tout de suite après pour prendre le relais.

Marie-Claude la physio me reçoit et, instantanément, son regard se ternit quand elle aperçoit mon tibia et sa peau couleur flamme. Elle palpe ma jambe en fronçant fortement les sourcils.

— Euh… Je peux te faire un *taping* pour drainer l'œdème et calmer un peu l'inflammation, mais pour l'infection, je ne peux rien faire.

— Infection ?

Alors que la physio tâte la zone le long de mon tibia, je baisse les yeux vers ma jambe. Et ce que je vois me terrifie un peu. Les empreintes bien profondes de cinq doigts dans la peau, cinq creux qui refusent de se combler, la peau ne semblant plus avoir la moindre élasticité.

— C'est une cellulite.

— …

— Une infection bactérienne qui touche les cellules de la peau. Cellules, cellulite.

— Oh…

Et elle se penche légèrement vers moi, les mains jointes, en me regardant bien droit dans les yeux. C'est l'heure de la question qui tue.

— Ton défi, là…

— Oui, Percé-Montréal…

— À quel point es-tu prêt à te rendre jusqu'au bout ?

Donc, si la question n'est pas intrinsèquement mortelle, ma réponse pourrait l'être.

— Eh bien, si c'est juste douloureux, sans risque de séquelles ou d'aggravation, je suis prêt à vivre avec. Mais si je risque de faire des dégâts et de me mettre en danger, j'arrête. C'est un loisir, pas une course à la mort.

— Très bien, parce que courir sur un œdème comme tu le fais est parfaitement contre-indiqué et nuit à la guérison. Pour l'infection, je vais t'envoyer voir une de mes amies qui est médecin, car il faut absolument un avis médical pour savoir ce qui t'arrive précisément. Désolée d'être celle qui t'annonce de mauvaises nouvelles.

Elle saisit immédiatement le téléphone pour appeler son amie. Mon début d'après-midi ne sera pas brassicole, finalement.

Le cabinet de la docteure est à 500 m. J'y suis conduit une nouvelle fois par Sarah, qui sacrifie une bonne partie de sa journée de travail pour faire faire des sauts de puce en voiture à un expert du transport actif. La honte.

La docteure n'est pas plus enthousiaste à la vue de ma cheville mammouthienne et de mon pied éléphantesque.

— Ton défi, là, dis-moi franchement…

C'est bon, c'est bon, j'ai compris, ma course est terminée. L'infection bactérienne, invitée par une égratignure ou une simple piqûre de mouche à Forillon, peut être traitée, mais il est possible que ce soit au moyen d'antibiotiques en intraveineuse. Dans tous les cas, pour en savoir plus sur la nature et l'ampleur du mal, une analyse sanguine est nécessaire. Une radiographie également, pour s'assurer qu'il n'y a pas de fracture de fatigue du tibia, car, après tout, c'est possible aussi.

Avant de m'envoyer aux urgences de l'hôpital pour tous ces tests, elle décroche le téléphone pour discuter avec l'urgentiste et accélérer le processus.

— Salut. Dis, je t'envoie un coureur avec une cellulite. Il vient d'arriver de Percé et veut continuer jusqu'à Montréal. Ouais, environ 80 km par jour. En sandales. Il faut lui faire une prise de sang, mais pas la peine de tout vérifier, surtout après 500 km de course, ça ne donnera rien. Et radio du tibia pour vérifier s'il n'y aurait pas une fracture de stress.

Chouette résumé. Envoyez le clown.

Direction l'urgence. Encore une fois, quelques centaines de mètres assis à la place du passager tandis que Sarah conduit. Le triage est rapide et, en un rien de temps, je me retrouve avec quelques millilitres de sang en moins, un cathéter dans le bras, puis allongé sous les rayons X.

Je m'installe ensuite dans la salle d'attente. Après avoir trouvé une position confortable pour ma jambe infectée, légèrement en hauteur, appuyée sur le rebord d'une fenêtre, j'entreprends d'arracher tranquillement les fragments de peau morte qui recouvre encore mon front, résultat de l'insolation du jour 2. Si un des autres patients me demande ce que je fais ici, je répondrai : « Accident de barbecue. » Sauf qu'avec mes fringues de yoga en coton bio, fibres écrues et motifs *Peace & Love,* toute tentative pour me faire passer pour un carnivore serait probablement un échec. En plus, je porte des vêtements

LUNA

de femme… En effet, dans mon sac à dos, trop lourd et pourtant inutile, je n'avais pas prévu de vêtements de ville. Ni de pyjama, d'ailleurs. Ces derniers jours, cette omission me force à quémander de quoi me couvrir adéquatement auprès de ceux et celles qui me reçoivent. Sauf que chez Sarah la prof de yoga, pas de vêtements pour homme. Par chance, j'ai tellement maigri que je peux me servir dans sa garde-robe.

Alors me voici accoutré tel un gourou végétalien métrosexuel échoué aux urgences de Rimouski et en train de mourir de faim. Au rythme où vont les choses dans cette salle d'attente, ce n'est pas aujourd'hui que je vais me remplumer. COVID-19 oblige, la cafétéria de l'hôpital est fermée. Traînant ma patte dans les couloirs déserts, je trouve finalement une collection de machines remplies de chips, sandwichs géométriques et barres chocolatées. Mais je n'ai pas de monnaie, c'est lourd à transporter et dangereux par les temps qui courent.

Je reviens bredouille de ma chasse au casse-croûte et vais me rasseoir. J'informe Anne de mon état.

J'attends toujours le résultat des analyses. Mais ma course s'arrête probablement ici. Abandonner sur avis médical, c'est une fin respectable.

Oui, c'est la bonne décision. Il y aura d'autres occasions.

Quand on y pense, malgré toutes les bêtises que j'ai pu faire, je termine avec une blessure qui n'a rien à voir avec la course. Champion. Cette bactérie, j'aurais pu l'attraper en buvant une bière sur la plage. Si j'avais su…

En même temps, je suis soulagée de savoir que tu arrêtes avant que ça ne devienne vraiment grave.

Pareil ici.

Soulagé de savoir que, demain, je n'aurai pas besoin de me lever pour courir, je cesserai d'avoir peur de la douleur chaque fois que je poserai le pied à terre. Et impatient de refaire cuire mon pain tous les matins, de ne plus enfiler de cuissard, de remettre des vêtements d'homme.

Je suis résigné.

Même si l'aventure s'achève bien plus tôt que prévu, j'ai au moins la satisfaction d'avoir été à la hauteur des attentes de tous ceux qui suivent ma randonnée. À la hauteur de mes propres attentes. Je n'ai pas lâché. L'arrêt m'est imposé par un organisme microscopique. Décidément, virus ou bactérie, c'est le thème dominant de l'année.

Mon téléphone vibre. C'est Anne qui m'écrit.

Je suis en train de faire mes bagages,
je pars tout à l'heure pour venir te chercher.

Anne déteste conduire.

Tu es sûre que c'est une bonne idée ?

Anne déteste conduire de nuit. Nous sommes déjà en fin d'après-midi et elle n'arriverait que tard dans la soirée.

Anne, attends demain, tu vas arriver en pleine nuit,
en plus. De toute façon, je suis pris en charge
par la moitié de Rimouski.

Pour la dissuader de se précipiter sur les routes, j'ajoute :

Et puis, j'attends encore le diagnostic,
peut-être que je vais pouvoir continuer !

Je n'y crois pas une seconde. J'ai bien vu l'expression sur le visage de tous les professionnels de la santé depuis ce matin. Et il me suffit de jeter un œil sur ma jambe pour comprendre que courir là-dessus pourrait me coûter très cher.

Oui, tu as raison. Dès que tu as la
confirmation que c'est fini, dis-le-moi.
Et je pars demain à l'aube.

Super, merci encore. Hâte de te voir. Je t'aime.

— Monsieur Roch? Salle 2.

Oh, on m'appelle. C'est mon tour!

Je boite jusqu'à la salle d'examens. Quel sera le verdict: antibiotiques par voie orale ou par intraveineuse?

— Bonjour. Alors, bonne nouvelle, il n'y a pas de fracture. Autre bonne nouvelle, ce n'est pas la bactérie mangeuse de chair.

Oh, je n'y avais pas pensé, à celle-là.

— Une simple infection cutanée, rien de bien grave. Vous allez prendre des antibiotiques matin et soir pendant 10 jours. C'est tout.

Sur ce, elle me tend un papier tout en continuant de me parler:

— Vous reprenez votre périple demain matin, c'est ça?

Pendant une fraction de seconde, je me demande si j'ai bien entendu. Je prends la feuille: c'est mon ordonnance.

— Z'êtes sûre? Si jamais ça devait s'aggraver, qu'est-ce que je dois surveiller?

— Bah, les antibiotiques devraient faire effet au bout de 48 heures. Mais il se peut que ça prenne trois ou quatre jours,

c'est normal. Et la plaque rouge sur la peau, elle va peut-être grandir avant de se résorber. Bonne course!

Incrédule, je réalise tranquillement que, demain matin, contrairement à l'idée que je m'étais faite, je vais devoir me lever tôt, enfiler mes sandales et courir. Le pain maison qui crépite quand on le sort du four devra attendre.

— Anne? Ce n'est rien de grave finalement, je peux courir jusqu'au mont Royal. Je repars demain comme prévu. Là, je dois aller à la pharmacie pour mes médicaments.

Je suis tellement déstabilisé qu'une fois la porte de l'hôpital franchie je me rends compte que le médecin a oublié de m'enlever le cathéter. J'y retourne et… j'attends. Pour tuer le temps, j'écris à mon ami physio Jean-François, spécialiste des blessures sportives en général et de la course à pied en particulier, pour l'informer du diagnostic final. Il était évidemment persuadé que je m'étais blessé à force de trop courir, trop chargé et avec trop de dénivelé.

Périostite? Non. Verdict: cellulite.

Celle-là, je ne l'ai vraiment pas vue venir.

Ouais…

Une heure plus tard, je commence à être sérieusement perplexe. Retirer un cathéter n'est pas une urgence, mais ce n'est pas non plus une intervention qui exige de grands préparatifs. Pensant avoir été oublié, je vais me rappeler à leur bon souvenir et, deux minutes plus tard, je suis libéré. Direction, la pharmacie!

Dix petites minutes pour obtenir mes vingt comprimés, et voilà. Il est presque 19 h. Ma journée de repos est terminée. Demain, je réactive ma balise et je poursuis vers l'ouest.

Au revoir, Rimouski. Montréal, me voilà… une pilule à la fois.

* * *

WAGENBORG

LA FOIS OÙ... ma mère, apprenant que je devais courir un marathon par jour pour aller au travail, m'a demandé quelle était la solution. Qui a dit que c'était un problème ?

11 AOÛT 2020 – **MARCHER** SUR LE FEU

Le fleuve est de l'autre côté de la muraille, à droite. Sur ma gauche, une autre petite montagne tout aussi rectiligne élève l'horizon. Et moi, je marche entre les deux, sur la route au milieu des champs, tout petit au milieu de cette large vallée sans ombre.

Je n'essaie même pas de courir, j'ai bien trop peur de surchauffer comme au début de mon voyage, alors que je passais mon temps à tourner, monter et descendre, le soleil en pleine tronche. Aujourd'hui, je ne zigzague plus, la route étant uniformément droite. Et je reste sur le plat, une prédiction maintes fois répétée et qui se réalise avec 300 km de retard.

En effet, on me promettait l'arrêt du dénivelé à partir de Sainte-Madeleine-de-la-Rivière-Madeleine. À moins que ce ne soit après Manche-d'Épée? On m'avait aussi parlé de cette dernière bosse à Cap-au-Renard, suivie pendant des jours par d'autres dernières bosses, vers Rivière-du-Loup. On m'aurait menti. Mais avec des noms aussi poétiques, je pardonne.

Finalement, depuis que j'ai franchi Le Bic, ça semble rester plat. La mauvaise nouvelle, c'est que la fin du dénivelé laisse la place à deux autres mensonges, qui, eux aussi, menacent ma progression.

J'avais ouï-dire que, dans le Bas-Saint-Laurent, à cette époque de l'année, la température tournait autour de 15 °C. Je n'ai pas de thermomètre avec moi, mais la sensation très claire que j'évolue à la limite de la combustion spontanée évoque plutôt une bonne trentaine de degrés. À l'ombre. Sauf que pas un arbre ne décore cette vallée agricole.

Il y a aussi l'humidité, conséquence de l'orage phénoménal qui a balayé la vallée du Saint-Laurent hier soir. Une masse nuageuse de plus de 600 km de long. C'est presque comme si la planète tentait de nous faire passer un message.

L'étuve pourrait être plus supportable si les fameux vents de face, dont on me parle si abondamment, se levaient. Ils sont tellement célèbres qu'ils font presque à eux seuls la réputation du marathon de Rimouski. Eux et le sous-marin NCSM *Onondaga* de la Marine royale canadienne, acheté pour quatre dollars, une aubaine si on oublie les coûts de transport. Traditionnellement, lors de votre premier passage devant la coque noire transformée en musée, vous avez les jambes fraîches et vous êtes poussé par le souffle puissant du Saint-Laurent. C'est au retour que les choses se gâtent et que les histoires s'écrivent. Tous les coureurs qui m'ont accompagné avaient leur anecdote du demi-tour, cette pure transition de type yin-yang.

Dans mon cas, le retour s'étirant de Cap-des-Rosiers à Montréal, j'aurais dû souffrir d'un vent d'ouest sur un millier de kilomètres. Mais les herbes hautes qui bordent mon chemin sont soufflées par un rare vent de dos. Ce qui serait une aubaine dans le cadre d'un marathon devient une calamité quand tu en cours 26 de suite et que tu recherches non pas la vitesse, mais tous les moyens pour ne pas fondre.

Pour aggraver le tout, je ne transporte pas d'eau. Ce n'est pas de l'inconscience, car je suis désormais ravitaillé tous les cinq kilomètres. Martine, pilotée de manière experte par Anne, s'est désignée responsable de ma survie. À bord de sa voiture,

elle fait des sauts de puce en aval de ma trajectoire. Dès qu'elle aperçoit ma frêle silhouette, elle ouvre le coffre, déploie une couverture confortable et, quand je prends place, ma commande à l'auto m'attend à ma gauche : café glacé, jus de fruits, lait au chocolat, elle trouve tout. Sauf les insaisissables Rolo, carburant de mon entraînement du printemps dernier.

Malgré cette station d'aide motorisée, je commence à trouver le temps long entre deux Martine. Cinq kilomètres deviennent une longue distance quand on rampe sur le bitume.

Ah, mais, la barbe !

Le conducteur qui vient de stationner à ma hauteur arbore une magnifique barbe rousse par-dessus ses habits de coureur.

— Salut, Joan. Est-ce que c'est bon si je cours un peu avec toi ?

— Oui, oui, bien sûr, avec plaisir.

Il me présente alors un petit pot en verre, normalement destiné à contenir des conserves artisanales. Il est plein d'un liquide de la même couleur que sa pilosité flamboyante.

— Tiens, je viens tout juste de préparer pour toi un jus de pomme, carotte et gingembre. Ça te tente ?

— Absolument, merci énormément.

Frais, délicieux, ce nectar arrivé de je ne sais où s'ajoute à la longue liste des cadeaux qui m'ont été offerts par des inconnus depuis le départ. Épisodiques au début, les rencontres ont vu leur rythme s'accélérer alors que ma vitesse diminuait. Et à mesure que j'approche des grandes villes, les maillons de la chaîne humaine qui se forme sur mon chemin vers Montréal sont de plus en plus nombreux.

Et en ligne, l'engouement de la communauté dépasse l'entendement. Je n'ai ni le temps ni l'énergie de publier plus qu'un court statut le matin, puis un autre le soir. Même les photos que je m'étais imaginé prendre pour documenter ma remontée du fleuve sont extrêmement rares. Mais chaque publication se transforme en un point de ralliement pour plusieurs centaines de personnes qui s'identifient d'une manière ou d'une autre à cet exercice de style que je réalise.

Si j'étais seul, je ne vois pas comment je serais encore en mouvement. Et je ne suis plus jamais seul.

— Par contre, au risque de te décevoir, on va marcher, car je ne peux pas faire mieux en ce moment. Ça te va?

Sans hésiter, il m'emboîte le pas. Nous discutons pendant une vingtaine de minutes, après quoi il me souhaite bon vent (de dos, malheureusement) et s'en va rejoindre ses amis pour son entraînement de course en sentier.

Je regarde ma montre machinalement. La marque du marathon quotidien est déjà franchie, mais je n'y ai pas particulièrement prêté attention. Je pense que, chaque jour, je bats le record de mon marathon le plus lent. Depuis que j'ai reçu le diagnostic à l'hôpital, je constate évidemment que ma jambe est toujours hideuse et douloureuse, mais je sais maintenant que rien de grave n'en découlera. En attendant que les antibiotiques agissent, je ne force plus rien et marcher toute la journée me convient parfaitement. Mieux, une sorte de routine apaisante s'est installée, grâce à la présence rassurante de Martine.

Son œuvre de bienfaisance a en fait commencé il y a deux jours. Quand je lui ai demandé ce qui pouvait bien la motiver à passer la journée à m'attendre sur le bord de la route tout en faisant occasionnellement la tournée des épiceries pour moi, elle m'a expliqué qu'elle s'amusait comme jamais à découvrir des endroits alors qu'elle habite dans le coin depuis 10 ans.

— Si j'avais su, j'aurais pris des vacances et je t'aurais accompagné jusqu'à Montréal.

Vitesse moyenne, 5 km/h. Éloge de la lenteur.

Malgré mon esprit qui fonctionne à la même vitesse réduite que mes jambes, je réalise bientôt que je suis approximativement à mi-chemin de mon odyssée: 550 km en sandales.

J'immortalise la barrière symbolique par une photo de mes pieds sales mais heureux. J'en profite pour me féliciter du seul élément de mon plan qui m'ait véritablement rendu service. Chaussures ou sandales, la question s'est posée quelques jours à peine avant le départ, tandis que j'assemblais le matériel que j'estimais utile. Des GoPro, avec batteries et mini-trépieds, des lampes frontales et des piles de rechange, un réservoir d'eau et une gourde, une autre batterie géante pour recharger le tout au milieu de nulle part, des vêtements de course pour deux jours et les fameuses paires de sandales.

C'est touchant, l'innocence de celui qui n'a aucune idée de ce qu'il fait. Bref, de ce magma de bonnes intentions, une pépite a tout de même émergé.

Je sais par expérience que les chaussures ne sont d'aucune manière l'accessoire magique du coureur. Mon obsession pour les godasses les plus pourries possible ne date pas d'hier. Qu'elles soient neuves ou usées, trouées, défoncées, je n'ai jamais constaté la moindre différence. Malgré cette recherche du minimum acceptable, c'est par hasard que j'ai découvert, il y a trois ans, les sandales inspirées de la tradition des mythiques Tarahumaras, cette tribu mexicaine pour laquelle la course est l'unique moyen de transport entre les villages. L'ultramarathon pour tous comme moyen de communication.

Peu convaincu au départ, je les ai essayées dans le cadre d'un article que je rédigeais pour un magazine de plein air. Ayant peur d'avoir froid aux orteils, j'ai attendu la première grosse chaleur de la saison pour me lancer dehors. Et la révélation a eu lieu. Je ne me rendais tout simplement pas compte à quel point une chaussure de course classique, même légère, emprisonne le pied et lui donne chaud. Par sa conception même, elle va finir par générer des points de pression, des abrasions laissant la peau à vif, des ampoules qui grossissent, puis explosent, de la macération et autres plaisirs… comme des bulles de sang.

Par contre, en ne conservant que la semelle et quelques sangles stratégiquement placées, j'ai troqué tous ces

problèmes pour une liste bien plus courte. Oui, la lanière entre les orteils m'a demandé un temps d'adaptation et l'ajustement initial est un processus plus complexe que d'attacher des lacets, mais, à part ça, le nirvana. Depuis cette épiphanie, je n'ai quitté mes nouveaux pneus qu'une fois l'hiver bien installé, pour les rechausser dès que possible, souvent avant la fonte des neiges.

Malgré les moqueries bien méritées que j'ai récoltées en révélant, avant le départ, que mon sac était rempli de matériel électronique, mon intention était pourtant de voyager léger et compact. Tout devait trouver place dans un seul sac à dos, y compris les accessoires de rechange. Avec ma collection de gadgets électroniques, impossible d'y loger une deuxième paire de chaussures. Aucun problème pour une autre paire de sandales, par contre, pour parer à une improbable rupture d'une sangle.

Si j'avais déjà couru 250 km d'un coup en chaussures, je n'avais toutefois jamais dépassé la distance du marathon en sandales. J'ai donc fait le pari risqué que j'allais franchir sans difficulté la barre de l'ultramarathon quotidien équipé d'une fine plaque de caoutchouc sous les pieds.

J'ai gagné mon pari. Haut la main.

Et maintenant, alors que la moitié du parcours est derrière moi, je meurs d'envie de connaître la fin de l'histoire que j'ai entamée, sandales aux pieds. Et personne ne peut écrire la suite à ma place. Alors je dois avancer, malgré les bactéries, malgré les douleurs, malgré les canicules.

Cinq cent cinquante kilomètres derrière, cinq cent cinquante kilomètres devant. Tout seul comme un grand avec mes sandales. Et Anne. Mais aussi Martine, Christiane, José, Benoît, Sarah, Yannick, tous ceux que j'oublie, ceux que je ne connais pas et ceux qui m'attendent.

* * *

15 AOÛT 2020 —
TALON-FESSE

— L'autre jour, au boulot, j'ai essayé de créer une simulation d'une boîte de transmission automatique. C'est vraiment astucieux comme mécanisme. Est-ce que tu sais comment ça fonctionne ?

Je ne réponds pas.

— Je vais t'expliquer.

Je ne dis rien.

— Enfin, je vais essayer. Il y a trois engrenages, des petits, disposés en triangle autour d'un plus gros engrenage qui est connecté à une barre, ou quelque chose comme ça.

— Un arbre de transmission ?

— Non, je ne crois pas. Et les trois petits engrenages tournent à l'intérieur d'un anneau avec plein de dents dedans.

— C'est pas clair.

Ce n'est pas clair du tout. Et je m'en fiche. Je vais laisser Vincent parler autant qu'il le souhaite. Il ne se passionne pas particulièrement pour la mécanique automobile. On pourrait même dire qu'il n'y connaît pas grand-chose, de son propre aveu. Il a choisi un sujet plus ou moins au hasard pour meubler le silence. Il le fait de manière délibérée. Je le sais. Et il sait que je le sais.

C'est parfait comme ça. Tant que Vincent parle, je l'écoute, parce que ça me permet de me concentrer sur autre chose. Sur n'importe quoi plutôt que sur les heures qui passent lentement. Oublier un peu le soleil qui nous assomme. Ignorer la jambe qui a presque retrouvé son volume habituel, mais qui fait encore mal parfois. Mais si ça fait mal, c'est de ma faute. Vite, je répète mon nouveau mantra, qui m'a été proposé par Richard :

— Talon-fesse, talon-fesse!

Richard est venu à ma rescousse avant-hier. Pour un coureur qui n'avait jamais reçu le moindre soin d'un professionnel de la santé, je rattrape un peu de retard ces derniers jours. Physiothérapeute, il était venu courir avec moi hier en compagnie de son père, Richard.

Richard et Richard. En temps normal, une telle conjonction de prénoms ne créerait pas trop de confusion lors des présentations d'usage. Mais je ne suis pas au sommet de mon acuité intellectuelle, alors il m'a fallu un peu de temps pour comprendre que père et fils portaient le même prénom. Et avec les coureurs de plus en plus nombreux qui m'accompagnent, ce genre de situation se multiplie. Plus tôt aujourd'hui, par exemple, il y a eu jusqu'à trois Éric, avant que la canicule n'en fasse capituler un.

J'ai appelé Richard-fils avant-hier matin, la peur au ventre. Malgré les antibiotiques, malgré les analgésiques, la nuit précédente avait été horrible. Pas moyen de trouver une position qui ne soit pas douloureuse. La jambe surélevée sur une chaise, sur le dos les deux jambes en l'air contre le mur, sur le ventre, sur le côté, rien à faire. La douleur était tellement intense, implacable, que j'étais persuadé que la fracture de stress avait fini par se produire.

— Non, pas de fracture. Par contre, ça fait des jours que le muscle releveur du pied, le long du tibia, est comprimé et qu'il force, alors que l'œdème bloque l'articulation. Je vais te faire un massage pour drainer tout ça, mais il va falloir que tu changes de foulée pour moins solliciter ce muscle, au moins le temps que ça désenfle.

— D'accord. Comment ?

— Tu vas faire un peu comme à l'échauffement. Du talon-fesse.

— Tu veux que je fasse du talon-fesse pendant 80 km par jour ?

— Oui.

— T'es sérieux ?

— Oui. Ce que je veux dire, c'est que tu dois essayer de courir avec les hanches et les fesses. Mais pas comme un militaire nord-coréen, quand même !

— Oui, chef !

Je sens que je vais souffrir de courbatures totalement inédites…

— Tout le mécanisme est plongé dans l'huile, évidemment.

Magie ! Ce n'est pas très fluide, mais dès que j'abandonne ma foulée rasante habituelle pour celle, un peu plus ample, que m'a conseillée Richard, la douleur s'estompe. Ah, quel plaisir de courir sans avoir mal.

Anne se penche vers moi et chuchote discrètement :

— Il parle de quoi, exactement ?

Elle vient de nous rejoindre en courant en sens inverse, après avoir stationné sa voiture quelques kilomètres plus loin. C'est la nouvelle routine depuis qu'Anne et Vincent sont à mes côtés pour ce que j'appelle le sprint final : les 300 ou 400 derniers kilomètres. Ils alternent au volant, celui qui conduit avance de cinq kilomètres, puis court à notre rencontre, et nous poursuivons tous les trois jusqu'au ravitaillement mobile. Une organisation parfaitement... improvisée, puisque ni Anne ni Vincent n'étaient censés pouvoir venir m'épauler dans cette épreuve. Être en retard de plusieurs jours sur mes prévisions a tout de même quelques conséquences positives.

Anne a finalement pu se libérer, troquant son clavier pour ses vêtements de course. Épuisée par cette gestion à distance, elle commençait à sérieusement broyer du noir. Je lui ai conseillé de venir relaxer avec moi. Courir pendant des jours entouré d'une bande de joyeux drilles a le pouvoir de changer entièrement sa perspective de ce qui est réellement important.

— Quand tu arriveras, tout à l'heure, ne sois pas trop choquée si j'ai l'air de planer. Ça fait 10 jours que je cours, à raison de 13 heures entre le lever et le coucher du soleil, et je suis complètement déconnecté des problèmes du quotidien. J'ai vraiment l'impression d'évoluer dans un univers parallèle. Aussi, prépare-toi à ne pas me reconnaître physiquement.

Malgré mes avertissements, je vois à sa descente de voiture qu'elle est sous le choc, presque les larmes aux yeux.

Naufragé de la route, squelettique, les lèvres gercées, les vêtements déchirés, la peau des bras et des mollets constellée de boutons de chaleur et les cheveux blanchis par le soleil, je suis méconnaissable.

Pis encore, je n'arrive pas à rassembler assez d'humanité pour accueillir mon Athéna comme elle le mérite, avec tendresse. Ma mission prend encore toute la place. Pour la première fois de ma vie, j'accepte la dénomination dont on affuble trop souvent les coureurs : je suis une machine.

— C'est en bloquant ou en relâchant l'engrenage interne ou externe que l'on transmet le mouvement du moteur aux roues pour varier la vitesse de déplacement.

Avant que j'aie le temps de lui expliquer à quel jeu il joue, Anne comprend que Vincent tente de faire diversion. Mon état est de plus en plus variable. Je passe d'une relative euphorie au découragement sans prévenir. Il poursuit son exposé, imperturbable. Comme hier, quand il s'est presque fait éjecter du véhicule familial par Katy.

— Salut, Joan ! Tiens, je te laisse Vincent. Bye !

Et voilà mon ami en train de courir avec moi, équipé d'un sac à dos tout mou et d'un matelas de sol.

— Merci de passer. T'es en vacances, c'est ça ? Tu peux courir combien de temps avec moi ?

— Jusqu'à Montréal.

— Ha, ha !

Il est sérieux ?

— Euh, pour vrai ?

— Oui, mes vacances sont finies, je n'ai rien à faire d'ici lundi, alors me voilà.

— Et Katy ? Et les enfants ?

— Ils continuent jusqu'à Longueuil. Moi, je rentre à pied avec toi.

— Et pour dormir, je ne sais pas si ceux qui vont nous accueillir ont de la place. Je ne peux pas faire de promesse.

— Oh non, j'ai prévu une bâche et un matelas de sol. Je dormirai par terre, dehors.

Il est sérieux. Du haut de mes 10 jours d'expérience, je trouve sa désinvolture très touchante.

— Bref, c'est vraiment compliqué comme mécanisme et ma simulation n'a pas fonctionné. Fiou, il fait vraiment chaud, c'est insupportable.

— Je n'en peux plus. On marche un peu ? C'est beau, par contre. Vous avez vu l'autre rive, comme elle est proche !

Anne, Vincent et moi prenons le temps d'admirer le fleuve. Pour eux qui ne remontent le fleuve que depuis hier, la différence n'est pas évidente. Moi, en revanche, j'ai été témoin de l'immensité maritime de l'estuaire, de l'apparition des premières terres au loin, j'ai vu défiler des îles par dizaines, les montagnes en face ont graduellement gagné en profondeur. Et les cargos ne sont plus de simples taches noires sur l'horizon, mais des monstres dont on peut entendre le ronflement des turbines jusqu'ici.

Anne, maintenant parfaitement remise de son choc de la veille, se confie à moi :

— Tu avais raison, j'ai déjà oublié toutes les pensées sombres qui m'envahissaient ces derniers jours. On est tellement bien ici.

Libres et hors du temps.

Comme dit Vincent, il fait vraiment chaud. Même si l'après-midi s'achève et que le soleil se dirige mécaniquement vers l'horizon, la température reste difficilement supportable. D'après ce que j'ai entendu, les ouvriers dans les usines bénéficient, ces derniers temps, d'une pause spéciale canicule. Je suis ravi pour eux, mais pour les forçats de la route des Navigateurs, joli nom donné à la route 132, pas d'ombre, pas d'échappatoire.

Heureusement, dans le coffre de la voiture, nous avons maintenant une réserve de gigantesques bouteilles d'eau, sans oublier les compléments sucrés et salés — et les Rolo, enfin! — que nous continuons de nous procurer dans les stations-service. Un peu effarés par la quantité de bouteilles vides dans le coffre, nous calculons rapidement que nous buvons chacun de quatre à cinq litres de liquides par jour, minimum.

C'est au tour de Vincent de prendre le volant de la voiture pour faire avancer notre oasis d'une poignée de kilomètres. Alors que nous marchons, Anne remarque mon air taciturne.

— Ça va? On essaie de courir pour arriver un peu plus vite?

— Oui, il faudrait, mais j'ai peur.

— Peur de quoi?

Les traces laissées par mes heures de course avec une jambe malade sont plus profondes qu'il n'y paraît. Arrivé malgré tout à moins de 300 km du mont Royal, je ne sais pas où j'ai trouvé la volonté de courir en dépit de la douleur constante qui m'accablait pendant la première semaine de mon périple. Manifestement, le fonctionnement de mon esprit s'est altéré pour me permettre d'avancer quand même, quelque chose comme un antique mécanisme de survie qui fait fi des garde-

fous raisonnables et autorise le corps à changer de zone. Encore maintenant, je suis dominé par un cerveau dont les priorités sont radicalement différentes de ma routine cardio-boulot-dodo.

Mais il reste la peur. La peur de changer de vitesse. Même si la guérison est bien avancée, même si le talon-fesse m'a donné accès à des kilomètres confortables, chaque fois que je dois quitter la marche pour revenir à la course, le souvenir des centaines de bornes à me faire planter un poignard dans le tibia a marqué mes neurones au fer rouge.

— J'ai peur d'avoir mal, et même si, maintenant, je sais comment modifier ma foulée pour me protéger, il faut à chaque fois que je franchisse une barrière mentale pour me remettre à courir. C'est épuisant.

— Prends ton temps.

Ma boîte de vitesse interne n'a décidément rien d'automatique. Et parler de vitesse est un peu exagéré. J'ai l'impression que mon cerveau, même quand j'arrive à le convaincre de courir, m'impose une limite impossible à dépasser, histoire de respecter un équilibre fragile. D'un côté, je veux avancer; de l'autre, impossible de manger à l'infini. Si je vais trop vite, et c'est une façon de parler, je serai incapable de combler le déficit énergétique et, jour après jour, je vais dépérir. Alors, avancer, oui, mais lentement pour éviter de couler une bielle.

— Allons-y, c'est bon. Je veux terminer ce truc.

Et je vais terminer ce truc.

Tout doute à ce sujet a disparu depuis longtemps. S'il est prétentieux d'annoncer avant le départ d'un ultra qu'on va très certainement franchir la ligne d'arrivée, il arrive un moment pendant l'épreuve où la certitude s'installe, où on ne conçoit plus d'obstacle assez grand pour être infranchissable. À l'exception d'une blessure grave, évidemment. Ce point de non-retour, il est derrière moi depuis un moment.

— Hop, c'est reparti.

Même pas mal. La mécanique ne tourne plus très rond, mais, inévitablement, je poserai bientôt le pied sur le belvédère Kondiaronk. À moi le panorama des gratte-ciel de Montréal. D'ici là, Rolo.

Vincent approche en sens contraire. J'en profite pour m'enquérir du niveau de nos réserves d'explosifs.

— Est-ce qu'on a encore un Rolo dans la voiture ?

— Je crois bien, oui.

— Cool. C'est de la dynamite, ce truc-là. Tu te souviens d'hier, quand j'ai semé un coureur tellement j'allais vite ?

Vincent s'esclaffe.

— Hé, hé, oui, il a même crié « Attendez-moi ! » Mais on ne demande pas ça à un gars qui a couru 700 km.

— Je ne l'ai pas entendu, je devais déjà être trop loin devant.

Ça, c'est l'effet Rolo. Je l'ai découvert par hasard au cours de mes entraînements du printemps. Lors d'une longue sortie commencée avant l'aube, c'est en cherchant un petit remontant que cette bouteille brun et rouge dans le réfrigérateur du dépanneur a attiré mon regard : lait frappé au chocolat et caramel. Du sucre additionné de sucre. Le réveil a été immédiat et ainsi est née la tradition du kilomètre 28. Mes espoirs de carburer au Rolo pendant 1000 bornes ont été rapidement douchés. Introuvable, jusqu'à ce que Vincent arrive avec une caisse de munitions.

Nous traversons la route pour accéder à la voiture, stationnée de l'autre côté. À peine le coffre est-il ouvert que je dégoupille une capsule de nitroglycérine. Quelques secondes plus tard, je me débarrasse de la douille dans le petit sac poubelle et je me prépare à la déflagration. En général, quelques minutes suffisent pour que les sucres atteignent le carburateur et que les pistons de mes muscles transforment l'explosion en mouvement.

Pour prendre un peu d'avance sur l'onde de choc, je pars sans attendre les autres, car, eux, me rattraperont sans peine,

Rolo ou pas. J'enclenche assez facilement la deuxième vitesse, mais quelque chose cloche. Comme un léger déséquilibre dans la propulsion. Ah oui, c'est vrai, ma mécanique vieillie ne tolère plus de circuler sur la moitié gauche de la route. C'est la pente qui me déstabilise, infime, mais à l'opposé de ce que j'ai arpenté depuis Percé. Dès le départ, j'ai préféré la vue la plus directe sur l'eau au détriment d'une certaine forme de prudence. Le remède est simple, traverser la route et me rapprocher du fleuve.

Catastrophe, c'est la panne sèche.

Vincent se penche vers moi et glisse quelque chose sous ma tête.

— As-tu besoin d'eau ? D'un truc à manger ?

Je n'ai même plus la force de grogner ma réponse. Surtout que je n'ai pas de réponse.

— Vincent ? Je pense qu'on devrait le laisser tranquille quelques minutes.

Je suis couché en boule dans le coffre de la voiture. Ni la fraîcheur crépusculaire ni le Rolo n'ont eu le moindre effet sur moi. Mon corps n'est plus qu'un tas de ferraille bon pour la casse.

Je n'ai qu'une conscience limitée de ce qui m'entoure, mais je perçois Anne et Vincent qui s'éloignent un peu, impuissants.

— Cinq kilomètres…

C'est le nombre d'or qui m'a permis de me rendre jusqu'ici.

— Cinq kilomètres de plus…

L'unité de mesure insécable que j'empile sans discontinuer depuis le mont Joli.

— Juste cinq de plus. Hier, j'y suis arrivé…

Quand je doute de pouvoir faire un pas de plus, il me suffit d'invoquer le souvenir des derniers jours. Hier, j'étais brûlé et, pourtant, je l'ai fait. Avant-hier aussi, malgré le four. Et la journée d'avant, même avec la jambe en vrac.

— Allez, debout.

Une voiture approche. Un homme ouvre la porte côté passager et descend. Un coureur qui m'a localisé grâce à ma balise et qui souhaite m'accompagner sur quelques kilomètres. Anne discute un peu avec lui et lance un regard inquiet dans ma direction.

Je m'extirpe lentement du coffre et je pose les pieds à terre.

— Je vais faire cinq kilomètres de plus. Ça te va?

***

LA FOIS OÙ... j'ai couru parce que la voiture était pleine d'enfants. C'est Anne qui a couru pour le retour, car elle était jalouse.

19 AOÛT 2020 –

HEUREUX QUI, COMME ULYSSE…

Je viens de briser un interdit vieux de deux semaines. L'eau n'est plus à ma droite, mais sous mes pieds : alors que la nuit enveloppe encore la ville, je traverse le pont Jacques-Cartier, je franchis le fleuve.

Finalement, pas de gueule de bois, même si je pense bien qu'hier j'étais bourré. L'alcool de la moitié d'une bière aura suffi, amplifié par la fatigue, le jeûne et l'euphorie.

La fatigue, elle se lit sur mon corps desséché comme un poème sur un parchemin. Mes traits sont creusés, la peau brûlée se détache par plaques, mes épaules se sont affaissées, le dos est voûté. Et les cheveux ? N'en parlons pas, merci. Malgré tout, mes pieds poussiéreux tracent des pas aériens.

Le jeûne, contrairement à la bactérie, n'a pas affecté mes jambes. Mais les bras maigrelets, le torse osseux, c'est effrayant. Depuis quelque temps, je sens que ma bague de fiançailles glisse de mon doigt affamé ; je dois faire attention de ne pas la laisser filer. Mes yeux semblent avoir grandi dans ce visage émacié, écarquillés par la surprise d'être arrivés à bon port.

L'euphorie, c'est évident. Entouré de mes amis, de leurs bières et de plusieurs coureurs inconnus, je voyais enfin, là, plus très loin en amont, l'objet de mon obsession des dernières semaines. La petite colline et sa croix surplombant les gratte-ciel du centre-ville, au milieu de l'île, au bout du fleuve, à portée de pied, à portée de pont. Mon pont. Pas besoin de tant d'alcool pour perdre la tête dans ces conditions.

Avant la bière, à 20 km de ma maison, il y a eu des larmes. Très discrètes, mais bien réelles. Il se trouve un endroit sur la Rive-Sud d'où l'on voit le fleuve en enfilade, la perspective

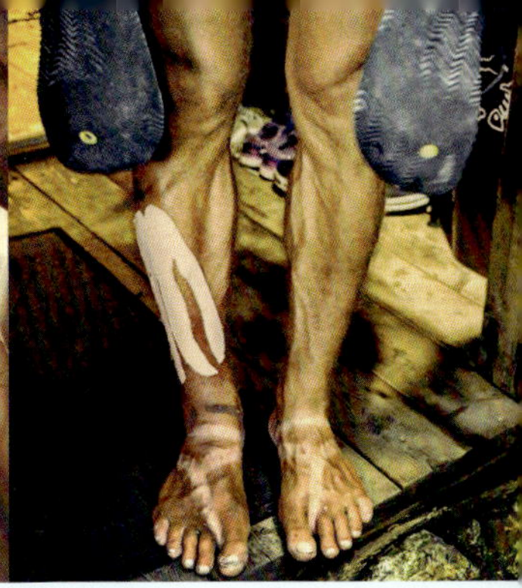

butant sur l'île de Montréal, dominée par la silhouette du mont Royal. Après des jours à ne penser qu'à ça, le mythe se matérialisait enfin. Snif.

Hier soir, après l'euphorie, mais toujours saoul, Anne et moi sommes entrés chez nous pour cette ultime nuit me séparant d'une arrivée symbolique prévue à l'aube. En attendant que cuisent les macaronis, je suis allé jeter un œil sur mon ordinateur.

Stupeur.

J'avais consulté le tracé dessiné par ma balise au fur et à mesure de ma progression. Voir le zoom prendre de plus en plus de recul pour maintenir la ligne dans le cadre me fournissait la preuve que, oui, malgré ma vitesse réduite, j'avançais. Mais cette même carte, affichée sur un grand écran plutôt que sur un téléphone, m'a tout à coup fait prendre conscience de la démesure de ce que je venais d'accomplir. Une immense partie de la Belle Province est là, sous mes yeux, une image satellitaire tellement vaste que 98 % des Québécois y résident.

Attablé face à une montagne de pâtes au beurre, j'ai pris le temps de vérifier la distance réelle parcourue : 1 135 km du mont Joli au belvédère Kondiaronk, le genre de voyage qui effraie même en voiture. Un marathon de plus que mes estimations initiales. Bah, 26 ou 27 marathons, quand on aime, on ne compte pas.

Pendant que je dévorais ma première assiette, Anne et moi discutions de tous ces paysages traversés, de ces gens qui m'ont aidé, de cette solidarité spontanée qui m'a porté jusqu'ici. Entre le camping de Percé et ma vieille maison en bois de Longueuil, on m'a accueilli dans une ferme laitière, cuisiné un festin cinq services

athlētique

CANADA

1100 km en 10 jours

dans une cour dotée d'autant de fontaines, lavé mon linge à la main, livré des bandages au milieu de nulle part, massé le tibia, ravitaillé au ralenti, soigné, encouragé, accompagné.

Tout ça au temps du corona. Un pied de nez au virus qui nous prive d'une facette de notre humanité, du plaisir d'aller à la rencontre de l'autre, de l'aider sans rien attendre en retour. Assurément, j'ai eu le privilège de bénéficier d'un formidable retour du balancier, une vague sur laquelle j'ai surfé, à contre-courant de la peur de l'autre.

Quelques heures de sommeil et me voilà, le Saint-Laurent filant sous mes pieds, masse fluide toujours aussi impressionnante. Je fais une courte pause sur la plateforme construite en marge de la piste cyclable pour profiter du point de vue sur la métropole. Anne et Vincent sont avec moi, évidemment.

Notre petite escadrille reprend son vol d'un pas lent. Aucune urgence, malgré la fébrilité, puisque j'ai orchestré cette dernière étape en supposant que mes jambes ne seraient plus en état de me porter. Même en rampant, je ne serai pas en retard. Le rendez-vous au pied de la montagne est prévu pour 6 h 30, l'extinction de la balise une heure plus tard. Quelques kilomètres seulement sépareront ces deux événements.

L'aube teinte le ciel alors que nous approchons du parc. Quelques silhouettes apparaissent au loin, des coureurs ayant répondu à mon appel. Alors que je prends le temps de les saluer, d'autres sortent de l'obscurité encore dominante et convergent vers le groupe. C'est encadré par une trentaine de personnes que j'entreprends l'ascension du mont Royal par le chemin le plus lisse, le plus large et le moins pentu possible. Je discute, mais, dans ma tête, les pensées se bousculent. En haut, lorsque mes pas cesseront d'être nécessaires, que va-t-il m'arriver ? J'arrêterai ma course, ma montre, ma balise. Je ne m'imposerai plus de courir jusqu'au coucher du soleil. Je me lèverai tard et mangerai plusieurs fois par jour. Et je tenterai de comprendre comment j'ai traversé cet océan linéaire tout en bitume.

J'attaque, avec Anne, le dernier virage avant le belvédère. Le soleil est au rendez-vous, éblouissant. À moins de 100 m, appuyés contre le parapet qui borde l'esplanade et qui sera ma ligne d'arrivée, mes trois enfants m'attendent. Malgré mon aspect de momie fraîchement déballée, je voulais qu'ils assistent à la conclusion de cette quête, qu'ils voient leur père affaibli, vulnérable, mais invaincu et heureux.

En les serrant dans mes bras, pour la première fois en fin de course, mes larmes coulent. Heureux.

Heureux qui, comme Ulysse…

« Bip-di-bip », fait ma montre.

… a fait un beau voyage.

***

IAMRUNBOX

2 SEPTEMBRE 2020 — **HOMMAGE** À HOMÈRE

Les antibiotiques, les migraines, le sommeil en tronçon, les douleurs fantômes, ç'a fini par passer. Il m'aura fallu 13 jours pour reprendre les 4 kilos que j'ai mis 14 jours à perdre. Belle symétrie, mais ça ne rendra pas mon régime « Percé-Montréal » facile à vendre. Il me faudra trouver autre chose pour convaincre quiconque d'imiter mes vacances estivales.

Peut-être que si j'insiste sur les bienfaits pour la santé…

« Prenez une journée de repos, terminez aux urgences ! »

Ou mon infaillible technique de motivation ?

« À chaque échec, diminuez vos objectifs de moitié ! »

Ah non, mon super-aliment secret.

« Rolo, dynamite sportive. (Une dose tous les 28 km. Tenir hors de la portée des enfants. Les effets VONT varier.) »

Sinon, à en croire Anne, mon épisode cataleptique de repli total sur moi-même dans le coffre de sa voiture lui a rappelé quelques souvenirs.

« Hommes, voulez-vous savoir ce que vivent les femmes en accouchant ? Trouvez-vous une canicule, partez courir, n'arrêtez pas. Résultats disponibles sous dizaine. »

J'abandonne, c'est invendable, ce truc.

De toute façon, je n'ai pas fait cette longue marche pour convaincre qui que ce soit de quoi que ce soit. J'avais juste l'envie d'essayer, j'étais prêt et j'avais un peu de temps devant moi.

L'envie, je ne le sais que trop bien, est inconstante. Je n'ai pas besoin de chercher bien loin dans mon passé pour y trouver des creux et des bosses. Tout comme les mauvaises passes dans un ultra, j'apprends lentement à ne plus avoir peur de mes sautes d'humeur. Vouloir à tout prix atteindre un som-

met, c'est aussi accepter l'inévitable perte d'altitude qui suivra. Cependant, l'expérience m'a appris que les rebonds peuvent être aussi spectaculaires que les chutes. La preuve par la 132.

On peut également choisir de ne pas retourner au casse-pipe et de rebondir dans une autre direction. Comme Widy, qui s'épanouit probablement plus dans ses nouveaux projets que dans n'importe lequel de ses légendaires ultras.

Être prêt n'est jamais garanti. C'est même un état transitoire, fragile. Une blessure est si vite arrivée. Surtout quand on a trop d'envies. On peut même se blesser sans jamais exagérer, comme Pat et son proverbial boulet à la cheville qui freine considérablement ses ambitions, j'ai nommé son tendon d'Achille capricieux.

Il est aussi possible de s'en sortir indemne tout en collectionnant des écarts de comportements sportifs, comme moi, apparemment. Merci à mes parents pour cette génétique favorable. Surtout Maman (désolé Papa).

Avoir le temps, ça, c'est comme l'état matrimonial sur Facebook : c'est compliqué. La course ne se pratique pas dans le vide. Il y a le boulot, les dettes, le couple, les enfants, la famille, le stress, les bouteilles de vin, un bon souper, la vie sociale, le sommeil, tout ça. Plutôt que de craindre de ne pas en faire assez et, par conséquent, choisir de ne rien faire, il y a une autre approche : faire de son mieux. Il en restera toujours quelque chose. Graduellement, le mieux, même si c'est peu, va vous transformer.

La preuve ? On compte 168 heures dans une semaine. Hormis quelques volumes d'entraînement hebdomadaires

exceptionnels, j'en passe environ 10 à courir. Il reste 158 heures pour le boulot, les dettes, le couple, tout ça. Dit autrement, je consacre 94 % de mon temps à ne PAS courir. À vous.

Hein, quoi ? Le couple, vous dites ? Ben oui, la course m'a changé. Tout au long de ces 50 000 km depuis le début du siècle, je me suis métamorphosé. Tout dans ma vie est devenu semblable à un ultra : avoir une idée folle, se fixer un objectif lointain, affronter des obstacles en pagaille, vivre du découragement et des moments d'euphorie, s'arrêter si nécessaire, repartir quand même et, un jour, arriver en retard, mais heureux. Annuler mes courses et mes projets en vue de sauver mon couple ne m'a pas rendu heureux. Alors, à quoi bon ?

Trois ans pour comprendre qu'être heureux, dans mon cas, implique de courir sur le fleuve Saint-Laurent gelé, d'en rapporter quelques images, d'acheter un aller simple en bus et de revenir du bout du monde en courant. Oui, malgré les engelures, les drones noyés, les virus planétaires et les bactéries épidermiques, j'adore ça. Et j'en redemande.

Mais sans l'arrivée d'Anne dans ma vie, mon retour aux sources n'aurait pas eu lieu.

Dans *L'Odyssée,* l'endurant Ulysse revient victorieux de la guerre de Troie, mais, affrontant cyclope, sirènes et tempêtes, il se perd sur le chemin du retour et échoue sur l'île de la nymphe Calypso. Il reçoit l'assistance de la déesse Athéna pour fuir cette cage dorée et, après de nouvelles péripéties, atteint son royaume d'Ithaque. Déguisé en mendiant, il révélera son identité aux prétendants en sursis en réussissant à faire passer une flèche lancée avec son arc au travers des trous de 12 haches perforées alignées, Athéna combattant à ses côtés. Fin. Signé: Homère.

Dans mon odyssée, j'ai conquis le mont Blanc et autres citadelles de pierre, mais les récifs de la vie de couple m'ont fait m'échouer sur les rives d'une existence trop prévisible. Véritable Athéna, Anne m'a indiqué où trouver l'issue de cette morne prison, pour ensuite guider mes pas vers la reconquête de mon identité. Ma nouvelle flamme à mes côtés, j'ai surmonté les écueils dressés par douzaines sur ma route pour débarquer malgré les pronostics défavorables, l'air d'un mendiant, au sommet du mont Royal. Fin. Signé: un fan de *L'Odyssée.*

Fin?

Le destin a voulu qu'un autre Franco-Québécois s'attaque à la Gaspésie en même temps que moi. Pour Mathieu, c'est par les crêtes et le GR A1, le sentier international des Appalaches, que ça passait, d'ouest en est. Décidé et implacable, il a atomisé le record précédent en ralliant, de Matapédia, la pointe de Forillon en un peu plus de sept jours. Je lui ai payé un café pour le féliciter. Après avoir écouté les détails impressionnants de sa préparation logistique, physique et mentale, je l'ai interrompu:

— Mathieu, ce que je veux vraiment savoir, c'est à quel point tu es descendu dans les ténèbres, si tu as craqué.

— Oui, c'est vrai, j'ai pleuré plusieurs fois tellement c'était difficile, recroquevillé en plein milieu du sentier.

Excellent, on va se comprendre, lui et moi (et les femmes qui accouchent apparemment). Il m'a questionné en retour, sourire en coin :

— Dis-moi, est-ce que toi aussi, maintenant, tu ne vois plus trop l'intérêt de faire un ultra, comment dire, normal ?

Je sais exactement ce qu'il veut dire.

— Ouais…

Ma prophétique amnésie des affres d'une telle expédition est déjà bien entamée. Dans ma tête qui bourdonne encore de fatigue, je m'imagine reprenant la route. Je vois un océan, une ligne, un autre océan. Mais avant de me remettre en mouvement, je veux coucher sur le papier mes souvenirs avant qu'ils ne s'effacent.

J'ouvre un grand cahier noir. Toutes les pages sont blanches. Je cherche mon stylo-plume, directement importé du Vieux Continent par mes parents, avec une réserve de cartouches pour le recharger. Je le débouche et le glisse entre mes doigts. Au dos de la couverture cartonnée, je presse délicatement la pointe de la plume sur la surface. L'encre noire est absorbée par les fibres tandis que je dessine quelques lettres.

Après avoir tracé une ligne qui serait visible de l'espace si mes sandales avaient eu le pouvoir de marquer la Terre, je dois maintenant raconter comment, après une telle errance, je suis revenu chez moi. Comment je suis redevenu moi.

« Ma vie est une odyssée. »

* * *

REMERCIEMENTS

Ma famille
Mon Athéna, Anne Genest; mes enfants, Aurélie, Maël et Aimée; ma belle-fille, Laure; mes parents, Solange Dubrun et Denis Roch; la mère de mes enfants, Mélanie Parent-Couturier

Mes amis et ceux qui m'ont permis d'arriver au bout
Alexis B, Antoine D, Benoît et Lucie, Bernard B, Blaise D, Carl et Vicky, Caroline et Sébastien SH, Cédric B, Charles B, Christiane P, Christine et Elie, Daniel L, Danielle D, Danielle H et Normand, Danielle S et Hervé, Dominic A, Éric A, Éric C, Fabrice G, Frédéric B, Frédéric P, Gary L, Gilles P, Guillaume D, Guy et Vicky, Jacques A, Jean-François G, Jean-François H, Jean-Philippe W, José N, Katy SL, Line et Bruno, Louis-Philippe M, Marie-Hélène C, Marie-Lou et Sylvie, Martin C, Martine P, Maxim M, Patrice G, Pierre L, Renaud SD, Richard R, Sarah D, Sébastien C, Stéphanie C, Vincent et Katy, Widy et Jackye, Yannick B, Zeus et plusieurs dont j'ai malheureusement oublié le nom.

Les contributeurs de ma campagne de sociofinancement
Adrien, Alain Bourgeois, Alain Guertin, Alban Poirier, Alessandra Pignatelli, Alexandra Guillemette, Alexandre Coutant, Alexandre Dolan, Alexandre T, Alexis Doclot, Alicia, Amélie et sa fille Charlotte, André Daigle Rundredi, André Globensky, Andréanne Savoie, Andrée Soucy, Anita, Anne-Lise Nadeau, Anne-Marie Bégin, Annick et Jean-Pierre Gollé, Annick Ferland, Annik Léveillé et Martin Gauthier, Anthony Roux, Antoine Gollé, Arnaud Gola, Audrey Mainguy, Audrey Mondoux, Aurélien Zimmermann, Bamby, Bénédicte Gelé, Benoît, Bernard et Béatrice Tournoux, Blaise Dietrich et Clément Durazzo, Brigitte Chamard et Stéphane Manning, Brix Rechargé par la Nature, Bruno Albert, Bruno et Line, Camille Girard, Camille St-Pierre, Carl et Vicky, Carl LaRocque, Carlos, Carole Favre, Caroline Brunet, Caroline et Renaud, Caroline Farley, Catherine Chalifoux, Catherine Lemyre, Cédric Lallement, Cédric Pons Polo, Cédrik Le Saux, Chad Lortie, Chantal Vigneault, Chantale Gagnon, Charles Veilleux, Chloé Savignac, Christian Boisvert, Christian Hubert, Christian Pellerin, Christian Savoie, Christian, Marie-Claude et Adrien, Christiane Plamondon, Christine Carier et Élie Hanson, Christine Côté, Christine Lafleur, Christophe, Christophe Boulard, Christophe Masson, Christophe Reverd, Claire Lindsay, Claude, Claude Duval,

Clément, Clément Boinot, Clément Velluet, Corinne Sorin, Courir pour le plaisir avec Renaud, Danièle Desmeules, Danielle Hamel et Normand Rochon, Danielle Stanton et Hervé Anctil, Danny, David Chiasson Greffard, David Germain, David Girard-Boucher, David Héroux, David Levesque, David Malo, Didier Godot, Dominic Arpin, Dominic Poliquin, Dominique Croteau, Dominique Paquin, Donald Alexandre, Emie Gagnon, Emmanuelle Faulkner, Éric Bérubé, Éric Boudreau, Éric Côté, Éric et Pascale Frangulian, Éric Janelle, Éric Marquis, Éric Martel, Éric Poirier, Érick Philippeaux, Étienne Allonier, Étienne Dugas, Étienne Murray, Eve Goulet, Évelyne Langlois, Famille Isabel-Levasseur, Fannie Denault, Félix Antoine Dorval, Ferdinand Mauriac, Flajollet Didier, Foo Fighter, Francis Picard, Francis Rolland, François Delisle, François Devaux, Frédéric Bureau, Frédéric Champagne, Frédéric Plante, Frédéric Routhier, Frédéric Samson, Frédérick, G. Delon, Geneviève Doucet, Geneviève Gendron, Geneviève Genest, Geneviève Poirier, Gilles Hickson, Ginette Noël Thériault, Guillaume Paquette, Guillaume Scott, Guillaume Valero, Guy Desrosiers, Guy van Melle, Hélène Girard et Jean-Philippe Marcoux, Helene Mailhot-Collette, Hugo Barnay, Hugo Tremblay, Hugues Cotnoir, Isabelle Desjardins-David, Isabelle Dufour, Isabelle Normandeau, Isabelle Ouellet, Isabelle Paquette, J-F Lupien, Jarinux, Jasmin Gill-Fortin, Jean Giasson, Jean-François Bouchard, Jean-François Guilly, Jean-François Martin, Jean-François Mercier, Jean-Philippe Lagacé, Jean-Pierre Lacasse, Jib et Annie, Jimmy Fortier, Jimmy Royer, Jimmy Seilnach, Joannie Jacob, Jocelyn Lebeuf, Joelle Dion, Johane Simard, Johann Meerfeld, Johanne Brault, Johnny Pigeon, Jonathan Blanchet, Jonathan Boulanger, Jonathan Savard, Joris Lonchamp, José, Josée Laforest, Josée Lefebvre, Josiane Morel, Julie, Julie Beaudoin, Julie Byrne, Julie Dumont, Julie Fortier, Julie Mailhot, Julien Deveault, Julien et Gabrielle, Julien Lamy, Karène Lapointe, Karine Champagne, Karine Hallé, Laurence Morel, Laurent Poncelet, Le Xav, Line B, Line Pigeon, Lionel, Loïc Reimonenq, Louis Charrieau, Lucie Morin, Magalie Sivignon, Marc Gagnon, Marc Labbé, Marc Pagé, Marc Parizeau, Marc-André Bohémier, Marc-André Corriveau, Marc-André Légaré, Marc-André Savard, Marc-André, Delphine et Florence Lavigne, Marc-Antoine Bellavance, Marc-Antoine Lebœuf, Marco Beaudoin, Margaux Antoine, Margot Lootzak, Maria Gabrielle Bujold, Marie Beaulieu, Marie-Christine Labonté, Marie-Claude, Marie-Claude & Mario, Marie-Claude Lépine, Marie-Hélène Poirier, Marie-Joelle Coutu, Marie-Josée Bleau, Marie-Josée Cloutier, Marie-Josée Dupuis, Marie-Lou Ouellet et Sylvie Laurence, Marie-Luc Robert, Marie-Pier Côté, Mariève Mc Gee, Mario Vignola, Martin Bèche, Martin Guilbert, Martin Houle, Martin Marchessault, Martin Végiard, Martine Pallascio, Marylene, Mathieu Fortin (CourirZen.ca),

Mathieu Girard, Mathieu P, Mathieu Polard, Mathieu Seers, Mathieu Therrien, Mathieu Vallières, Mathilde Soulez, Matthieu Flatres, Matthieu Kyndt, Maxence Maugy, Maxime André, Maxime Fortier, Maxime Labrie, Maxime Lajoie, Maxime Larochelle, Maxime Ouellet-Payeur, Maxime St-Gelais, Médéric Boudreault, Mélanie Beauchamp, Mélanie Brière, Mélanie Duclos, Mélissa Lussier, Michaël Lemieux, Michaël Poirier, Michael Tissouras, Michel, Michel Cloutier, Michel Houle, Micheline Lefebvre, Mickaël Dufour-Turgeon, Mireille Gagnon, Mylène Dupéré, Nancy Audet, Nathalie Granger et Alain Frenette, Nathalie Pelletier, Nellie Denicourt, Nicolas Cordeau, Nicolas De Gregorio, Nicolas Hrycenko, Nicolas Maréchal, Nicolas Mathon, Nicolas Pedneault, Nynon Rivard-Déziel, Olivier Grenier, P. Dor, Pascal Courville, Pascal Desjardins, Pascal Gauthier, Pascale Laliberté, Patrice C, Patrice Lamontagne, Patrice Lefebvre, Patrice Maffait, Patricia Bouchard, Patricia Plateau, Patricia Shee, Patrick Hébert, Philippe, Philippe Ouellet, Pierre, Pierre - Un amoureux de la nature!, Pierre Clermont, Pierre Voisin, Pierre-Luc Dubé, PIerre-Luc Trottier, Pierre-Luc Zuner, Pierre-Olivier Ferland, Rachel, Rachel et Arthur Dubé Bouchard, Raphaël Wargnies, Régis Gauthier, Rémy Bélanger, Renée Laviolette, Renée Turgeon, Richard Baril, Richard Roy, Robby Dupuis, Roxane Bélec, Running Badger, Sabrina Ouellet, Samuel Laplante, Sandra Lafontaine, Sébastien, Sébastien "Chevreuil" St-Hilaire, Sébastien Côté, Sébastien Daigneault, Sébastien Groulx, Sébastien Hamel, Sébastien Joubert-Gauthier, Sébastien Roy, Sébastien Turcotte, Serge Gouin, Simon Bareil, Simon Diotte, Simon Dufour, Simon Lacroix-Hubert, Simon-Pierre Aubin, Sophie Lessard, Sophie Théberge, Steeve Bérubé, Stélian, Stéphane Brette, Stéphane Cloutier, Stéphane Demers, Stéphane Doucet, Stéphane Roy et Julie Grisé, Stéphane Therrien, Stéphane Villeneuve, Stéphanie Charest, Stéphanie Côté, Stéphanie Leblanc, Stéphanie Lussier, Stéphanie Pellerin, Steve Baker, Steve Massicotte, Steve Ross, Steven Brooks, Stijn Vandenbrouck, Sylvain Bibeau, coach Zone Course, Sylvain Lavoie, Sylvain Manseau, Sylvain Plante, Sylvie Desgroseilliers, Sylvie Provençal, Tania Rancourt, TH & Martin, Thierry Pintureau, Thierry Vouriot, Tommie Anne Côté, Tommy Prévost, Tony Merle, Ultra Lala Podcast, Valerie Cloutier, Valérie Martineau, Vanessa Hubert, Vanessa Leclerc, Véronique Coulombe, Véronique D, Vincent Dumont, Vincent Lemieux, Vincent Martin, Virginie Poirier, Xavier Barthes, Xavier Bataillon, Xavier Chailleu, Xavier Fognini, Yan Lévesque, Yanick Fournier, Yannick Vézina

Mes commanditaires

Iamrunbox, Boutique Endurance, Ciele Athletics, Suunto, Compressport, Luna Sandals, Merrell

31 JANVIER 2021 —

À SUIVRE…

Suivez-nous sur le Web

Consultez nos sites Web et inscrivez-vous à l'infolettre pour rester informé en tout temps de nos publications et de nos concours en ligne. Et croisez aussi vos auteurs préférés et notre équipe sur nos blogues !

EDITIONS-HOMME.COM
EDITIONS-JOUR.COM
EDITIONS-PETITHOMME.COM
EDITIONS-LAGRIFFE.COM
RECTOVERSO-EDITEUR.COM
QUEBEC-LIVRES.COM
EDITIONS-LASEMAINE.COM

Cet ouvrage a été achevé d'imprimer sur les presses d'Imprimerie Transcontinental, Beauceville, Canada